ACCESIBILIDAD E INTEGRACIÓN

Una mirada crítica a la arquitectura social

VIVIANA NIGRO

CRISTIAN RODRÍGUEZ

GUSTAVO DUCASSE

VÍCTOR SERGENT

Accesibilidad e integración: una mirada crítica a la arquitectura social / Viviana
Nigro...[et.al.].. - 1a ed. - Buenos Aires: Nobuko, 2008.
196 p.: il.; 21x15 cm.

ISBN 978-987-584-139-0

1. Urbanismo.
CDD 711

Imagen de tapa: Cóncavo y convexo de M. C. Escher (litografía, 1955)

Diseño de tapa: Sheila Kerner

Diseño general: Florencia Turek

Corrección: Cristina Álvarez

Edición a cargo: Rosanna Cabrera

Hecho el depósito que marca la ley 11.723

ISBN: 978-987-584-139-0

Febrero de 2008

ACCESIBILIDAD E INTEGRACIÓN
Una mirada crítica a la arquitectura social

VIVIANA NIGRO

CRISTIAN RODRÍGUEZ

GUSTAVO DUCASSE

VÍCTOR SERGENT

nobuko

ÍNDICE

CAPÍTULO I

Consideraciones técnicas sobre el espacio accesible

El espacio y la mirada social

Viviana Nigro y Cristian Rodríguez

ASPECTO PRELIMINAR

Al considerar dos disciplinas en apariencia tan disímiles como la arquitectura y aquéllas que corresponden a las prácticas "psi", respecto de su objeto y en lo que concierne a aportes e intervenciones específicas, debemos considerar también una dialéctica: la que corresponde al objeto en cuestión y, por consiguiente, al sujeto así delimitado. Al respecto, y para no reducir campos y otorgar atribuciones excluyentes a una u otra disciplina, consideramos que en el seno mismo de su experiencia reposa una consideración de estructura sobre el **espacio** y la **mirada**.

En las leyes sobre discapacidad y en las ordenanzas existe un quiebre entre el texto y el hacer. No son operativas.

Éste es un problema instalado en lo social que repercute sobre determinados grupos etarios, de los cuales aquéllos a los que conciernen las circunstancias temporarias y/o permanentes de la discapacidad, son uno entre otros.

Nos proponemos al respecto realizar un abordaje transdisciplinario que permita el análisis de algunos conceptos fundamentales y analizadores de la problemática de la accesibilidad, para intentar en una segunda instancia su transformación práctica. Dichos conceptos están historizados y su sedimentación en los usos, en el espacio urbano y en los campos de aplicación, corresponden a una política y a la construcción de una determinada mirada social en las transformaciones técnicas y en los procesos de modernización urbanos.

> Los aspectos históricos corresponden a su arqueología y a su política.[1]

> Los aspectos subjetivos a su actualidad.

La discapacidad y el espacio accesible

Las personas con trastornos en la movilidad y/o la comunicación necesitan para su interacción apropiada con el espacio, que el diseño tenga en cuenta las necesidades de estos individuos.

A la hora de realizar alguna intervención en el entorno se deberán contemplar esas necesidades con el objeto de mejorar la calidad de vida.

Para diseñar espacios accesibles se tendrá en cuenta que existen individuos con discapacidades permanentes o transitorias. La edad de los sujetos podría ser otro factor obstaculizante en relación con este tema.

Aspectos de la ACCESIBILIDAD:

- Espacio accesible
- Oportunidades
- Alcances
- Usos

Espacio físico
Trabajo
Salud
Educación

La mirada social: miríada discapacitante

Al respecto, ¿cuál es el problema en cuestión, la dimensión subjetiva en juego de aquél que no puede lograr o alcanzar un objetivo de tiempo o distancia? Éste es desde ya el aspecto fáctico de la accesibilidad, también el que está ligado a la micropolítica individual, ciudadana, deseante, subjetiva.

Estas instancias no son equiparables ni desde su abordaje teórico ni desde su abordaje técnico, de tal modo que deben considerarse en su peculiaridad de análisis (estableciendo en cada caso la pertinencia del dispositivo puntual y específico).

Estos "quehaceres" (salir, andar, ir adonde) donde la determinación formal es estructura de su viabilidad, se entrecruzan con algunos mecanismos psíquicos que aquí sólo enumeraremos y que producen una gradiente progresiva en los fenómenos iatrogénicos de desubjetivación:

1. Frustración ⟷ subjetividad, instancia imaginaria del desencuentro con la acción específica.

2. Alineación ⟷ a nivel del yo, instancia de ajenidad paralizante; en sus secuelas ligada al retraimiento y la inhibición.

3. Segregación ⟷ categoría de desagregación social, identificación a la acción paralizante, a las políticas inaccesibles y a las intervenciones urbanísticas represivas.

4. Exclusión ⟷ impacto arrasador borra la marca social, fogonazo de la estructura totémica. Fenómeno de desagregación estructural, último eslabón en el proceso de desubjetivación.

Este proceso de desagregación, sin embargo, posibilita pensar los niveles en los que el espacio queda problematizado:

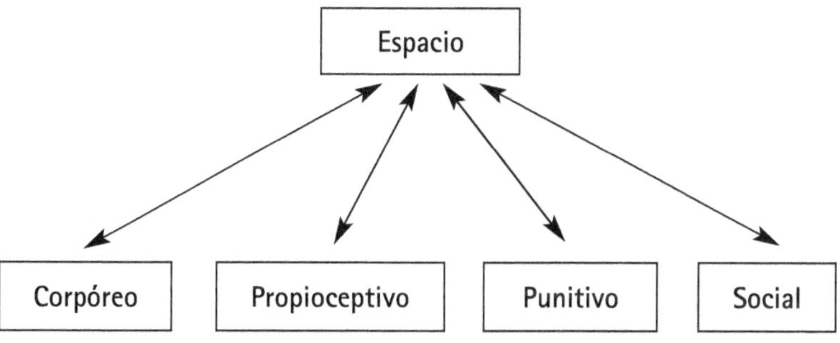

Es decir, los aspectos referidos a la inaccesibilidad y los flujos concomitantes (1) (por ejemplo: las reacciones discapacitantes que no sólo se generan en el espacio público), y al espacio social y sus coordenadas de codificación y decodificación (2), (señalización y estratificación de la información disponible y circulante), producen modos de organización de los que los Principios del Diseño Universal (ver desarrollo de este tema en pág. 58) han sido un intento por restablecer un flujo de coordenadas consensuadas. Sin embargo, éste es apenas un aspecto fáctico y un manifiesto que en el recorrido de su posible organización y categorización no considera los procesos de catectización y descatectización, aquéllos ligados a las catexias políticas y libidinales.

En ese sentido, el proceso de formación del capital es consecutivo de los procesos formadores de la ciudad, tal como la conocemos en su aspecto contemporáneo y secundario. Por otra parte, el proceso de formación del capital es equiparable a la formación de los estados.

Formación de capital.
Formación de los estados.
Ciudad.
Ciudadanía-accesibilidad.

Del sistema en cuestión, en la producción de redes de poder y catexias de circulación nada dicen los *Principios del Diseño Universal*.

La urbe como expresión social

Cuando se hace referencia a las ciudades no se hace más que hablar de las diferentes expresiones sociales en concordancia con su lugar y su época.

La Arquitectura, como otras expresiones del arte, atravesó y atraviesa las diversas etapas de la humanidad y allí en las construcciones deja las marcas de los acontecimientos y sucesos sociales.

Al analizar las ciudades, se puede definir hoy a la urbe como un efecto aplastante, sin criterio y sin planeamiento estratégico, polarizado, que no tiene en cuenta la diversidad, con escaso interés por lo bello, totalizante y por ende "violenta".

Sería interesante mencionar paralelos entre sucesos sociales importantes y modelos constructivos actuales y esto ejemplificaría claramente lo antes expuesto.

Se definirá muy brevemente el concepto de planeamiento estratégico urbano. El planeamiento estratégico urbano involucra la identificación de las alternativas potenciales y oportunidades que impulsarán el crecimiento económico y simultáneamente manteniendo la sostenibilidad.[2] Como consecuencia, este planeamiento estratégico debe considerar todos los aspectos de la vida ciudadana y los modos de crecimiento rápidos y desordenados de los aglomerados en América latina. Se está hablando no solo de programas para la construcción de caminos, alcantarillados, pavimentación, nuevos barrios, etc., sino también de contemplar la inclusión de muchos aspectos sociales, económicos y medioambientales. Consecuentemente, el planeamiento debe incluir el mejoramiento de las condiciones de vida de los asentamientos irregulares ("villas miseria", "pueblos jóvenes", etc.), por el medio de suministro de infraestructura básica, es decir, agua, electricidad y alcantarillado sanitario. Es oportuno considerar la forma en que se atiende a la salud de la población, la distribución geográfica de los centros de salud, de las escuelas, la erradicación del trabajo de niños en las calles de la ciudad, la eliminación de la discriminación, la resilencia económica de la ciudad, etc.[3]

El crecimiento urbano

El crecimiento urbano, un aspecto que cae del planeamiento urbano no ha sido precisamente armonioso. La ciudad ha crecido en forma desordenada y caótica, provocada en gran parte por las crisis socioeconómicas atravesadas. Para romper la barrera de las convenciones normativas de la arquitectura, lo que se necesita es una radicalización de su paradigma prevaleciente, mediante el desarrollo de un nuevo concepto de arquitectura adecuado a las demandas que imponen las necesidades de cada población, la computación y la revolución biogenética.

Foucault describe sobre los problemas del espacio, el territorio y la arquitectura.[4] Una mirada que podría ponerse como contracara de la actitud más habitual en las últimas décadas en los filósofos y los arquitectos, que ven el diálogo entre ambas disciplinas más como una autoconfirmación de los lugares comunes ya aceptados o, peor aún, como parte de la promoción exigida por el *star system* de ambas.

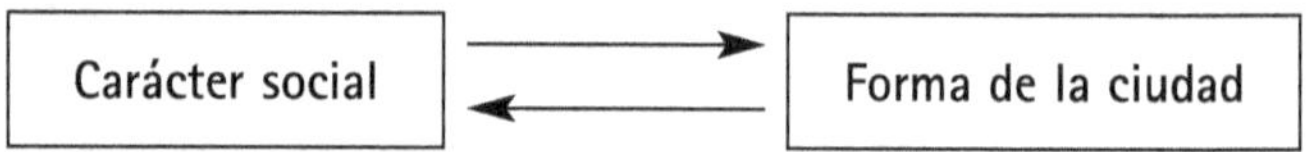

El carácter social y la forma de la ciudad son funciones que poseen una relación simétrica, dado que ambas son variables dependientes.

En las ciudades los hombres crean su espacio vital, así como un campo de expresión dotado de diferentes facetas, esa forma de ciudad contribuye a formar el carácter social. Tanto uno como el otro (carácter social-forma de la ciudad) toman sentido con la existencia de ambos.

La destrucción o la desorganización de las ciudades está ligada a la pulsión de muerte de nuestra civilización.

Si se entrecruzan dos factores:

    a. Aumento de la población, que actúa como efecto retardador.

    b. Las relaciones de propiedad del suelo urbano, se obtiene que ambos contribuyen a la inaccesibilidad de las diferentes ciudades.

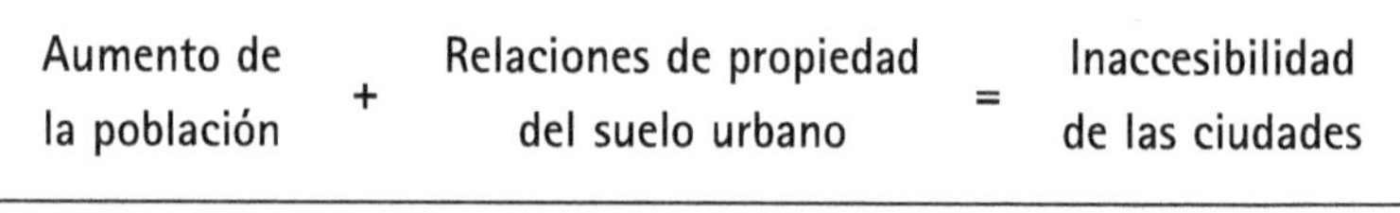

En relación con el aumento de la población y la simultánea aglomeración de las personas, ocasiona lógicamente aumento y problemas de tráfico, ya sea de comunicación como de transporte. Es por este motivo que se lo menciona como efecto retardador.

Las relaciones de propiedad del suelo urbano han sufrido un gran crecimiento sin control. Se crearon construcciones y más construcciones sin ningún criterio urbanístico, la técnica industrial que demostró ser antiurbana, se armaron centros de población muy densos y espacios de acumulación de la producción, todo esto conformando un atentado contra las ciudades.

La tendencia o característica actual es la "aglomeración" (en realidad una combinación entre estos dos factores: **aglomerante y expansivo**), también en las periferias urbanas, que puede observarse claramente, tanto en la construcción de barrios de bajos recursos, como en barrios cerrados y *countries*. Este aglomeramiento no tiene en cuenta los espacios libres más que como apuesta, entre otros aspectos, de la especulación inmobiliaria, donde los espacios habitables y de circulación no hacen más que expulsar a los propios individuos, para los que supuestamente están construidos estos asentamientos. Claramente este "desorden" muestra la incorporación y la vorágine concomitantes propuestas para los intercambios sociales, profundiza, además, los contrastes consecuentes y las posibles relaciones de oposición y los factores de violencia potencial. Son arrasamientos del espacio público, suspensión de cualquier lógica distributiva y de regulación. Para el primer caso es el hacinamiento del *ghetto* y un escalón más en la serie de las destituciones, para el segundo los privilegios del acaparamiento sin pretensión de testigos, un espacio "ideal" sin volumetría social que refuerza los criterios excluyentes.

POLÍTICA Y METRÓPOLI

Operadores y resonadores

Este tipo de sistema dinámico aquí propuesto, arquitectura y psicopatología (conformado como muestra el cuadro por operadores y resonadores), si bien aleatorio, constata estar regido por una lógica y un método del que este trabajo resulta su introducción.

Operadores	Resonadores
Espacio	Históricos (política, arqueología).
Mirada	Subjetivos (actual).

En este sentido, **política y metrópoli son indesligables**. Realizar su análisis resulta determinante para estudiar las fuerzas en tensión y los procedimientos de saber así cosificados.

Algunos hitos a considerar en todo análisis de campo que se realice sobre el espacio accesible:

1. La metrópoli.
2. Salubridad (atención primaria de la salud, planificaciones de salud).
3. Mirada.
4. Aspectos jurídicos (instituciones totales).
5. La amplificación.

La metrópoli

Dos paradigmas fundamentales están ligados al concepto "ciudad":

1. La amplificación.
2. La extensión.

Otro modo de presentarlo es con el par **intensión-extensión** (interconectados de manera dinámica y no necesariamente correlativos).

Sin la interrelación dinámica de estos dos vectores no hay ciudad como tal. Es decir, hay un punto de tensión que encuentra vía de producción de la siguiente manera:

1. La descarga-vía más breve de resolución.
2. El enlace de representación: los marcos y textos regulatorios.
3. El sujeto de representación, equiparable (en el plano macro del lazo social) al concepto de pulsión y sus destinos.

Estos aspectos serán retomados más adelante al establecerse las correspondencias entre espacio social y mecanismos subjetivos. Propondremos allí la relación entre discapacidad y/o capacidades disminuidas con la esfera de lo social, de **cómo la mirada social es discapacitante.**

¿Por qué puede interesarnos esta consideración? Porque no hay espacio físico sin este otro plano de representación psíquica, para decirlo de otro modo: espacio topológico.

No hay topografía posible, no hay diseño de ciudad sin esta consideración topológica, por ende subjetiva.

Al respecto, definimos el espacio como **contextual-actual, dinámico, social y subjetivo.** Es un constructor y como tal podemos analizarlo, armarlo-desarmarlo, fragmentarlo, transformarlo, actualizarlo, arqueologizarlo. Este espacio necesariamente en curso resulta actual y también **utópico**: su dinámica reside en esta confluencia de factores.

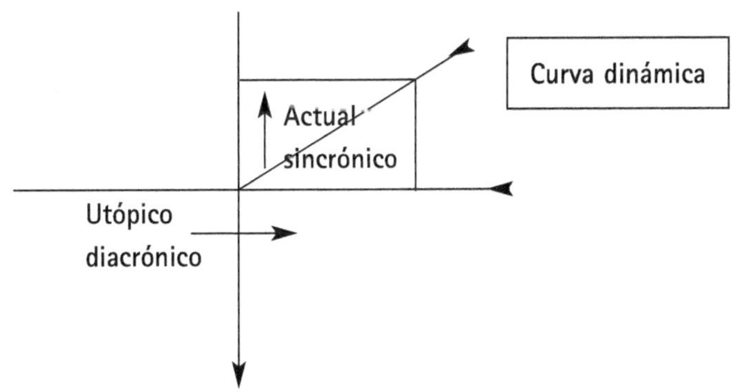

Salubridad

Por otra parte, no es posible abordar la problemática de la accesibilidad sin considerarla en relación con otros dos ejes propios de la ciudad, la normativa y las instalaciones:

Las condiciones de salubridad ⟶ factor ambiental.
Los aspectos iatrogénicos ⟶ factor institucional.

La salubridad es función de estos dos factores estructurantes.
A esto debemos agregar:

El espacio accesible ⟶ factor estructural.
El aspecto jurídico legal ⟶ factor contractual.

No hay posible categoría de ciudad sin considerar lo concerniente a aquello que da cuerpo a la ciudad, el aspecto "indiviso", lo individual del *civitas* (del ciudadano en un estado de derecho). En la economía de lo imaginario social, **lo indiviso es lo que conforma un cuerpo.**

Es decir, aquello que concierne a las condiciones en que un *universitas* (un universal) plasma el código y con él las condiciones de exclusión. Sin embargo, la ciudad tiene su propia "**marginalidad**" y a partir de ella la posibilidad de considerar **los códigos**.

En este sentido, respecto de las ciudades latinoamericanas, las ciudades "**periféricas**", no puede extrapolarse un modo de concebir lo accesible, ya que cada margen provee su propia valoración y su propia dinámica.

El trabajo de campo y la investigación, considerando los aspectos idiosincrásicos, sociales, económicos, "las micropolíticas deseantes", son determinantes en la planificación y ejercicio de las condiciones de circulación (territorialización de la ciudad en cuestión).[5]

Al pensar en los argumentos que proveen condiciones de "estandarización" del espacio físico no podemos dejar de considerar las relaciones existentes entre proceso productivo y necesidad, como modo de ejercer las facultades del "derecho a castigar.[6]

Mirada

La problemática de la mirada ha sido abordada vastamente por las disciplinas ligadas a las prácticas en salud. Desde la psiquiatría clásica y sus desarrollos sobre los conceptos de ilusión y alucinación ("percepción sin objeto"), hasta los aportes contemporáneos realizados por el psicoanálisis al corpus teórico e intervenciones en la clínica. Otros desarrollos teóricos como los de la Gestalt, el *new look*, el existencialismo, el análisis institucional o la dinámica de grupos han abordado las relaciones entre principio de realidad, representación y fantasías inconscientes, y han establecido referencias dialécticas con las variables témporo-espaciales en el plano de la subjetividad. En este marco los conceptos de "identificación" y "narcisismo" resultaron fundamentales para establecer los puentes con la psicología de las masas y el lazo social.[7] Otro aspecto a considerar es el que establece la relación entre este nivel de análisis y la construcción del cuerpo: presente en los conceptos de imagen corporal y esquema corporal.

Si bien no vamos a desarrollar aquí estos aspectos estrictamente psicopatológicos, nombrarlos supone reflexionar sobre la relación entre subjetividad y objeto social. Esta relación desde ya no es unívoca y supone niveles de abordaje particulares. Diferenciamos entonces en el nivel metodológico:

1. Subjetividad: abordajes psicopátológicos, e intervenciones clínicas sobre los mecanismos inconscientes. Política libidinal, política de lo inconsciente y texto de la ley.

2. Objeto social: resonancia y marca subjetiva en la trama de lo actual, políticas sociales y marco jurídico (la jurisprudencia existente).

Nuestro modo de articularse la mirada que nos ocupa supone una retroacción de 2 (objeto social) a 1 (subjetividad).

Por lo tanto, no hay modo de abordar (en este nivel de análisis) las repercusiones que la accesibilidad-inaccesibilidad producen en el plano de las subjetividades sino es atravesando y produciendo aportes teóricos que contemplen este particular entrecruzamiento que se produce en el campo de lo social. Éste es el campo donde la modernidad libra su debate, a la par del empuje del "estado de derecho" se producen sus inequívocos estragos.

Algunas consideraciones sobre la mirada producto del relevamiento que hemos realizado:

1. Mirada perfecta: aquí ubicaremos el juicio de la modernidad en estado puro. La mirada de la psiquiatría clásica que no deja resto y por lo tanto funda comunidades enteras en la exclusión (el ejemplo de la institución total, el neuropsiquiátrico, la cárcel, las grandes unidades fabriles de producción), lo que en otro orden y en la repercusión de la vida cotidiana se denomina "barrera de comportamiento". En última instancia el "Ojo de Dios" descrito por Jeremías Bentham en *El panóptico*. La mirada perfecta es un bloque, un círculo sin resto, un imaginario del mundo donde sólo rige la lógica de la acumulación. Para el resto: arresto (en cualquiera de los dispositivos imaginables). Mirada llena.

2. Mirada normativizante: sombra y asombro constante, efecto de la mirada perfecta. Intento fallido de punto de fuga. Mirada unívoca, punto de cierre del debate, detención teórica.

3. Mirada alienada: se produce por una particular distorsión en las consideraciones del espacio físico propias de la alineación mediatizada, cono de sombra de la palabra vacía. Cuando la jurisprudencia (en sus avatares de territorialización y desterritorialización) habla, en este punto son inevitables los estragos sobre la subjetividad, y por ende se potencian los factores de riesgo en la relación con el espacio social. El espacio físico, subsidiario de este modo de funcionamiento, se vuelve territorio fértil para el despliegue del síntoma.[8]

4. Mirada muerta: correlación última de los estragos a la subjetividad, esta "mirada puro resto" desde la que se ofrece como objeto el cuerpo sufriente (piénsese cualquiera de las formas de disminución de las capacidades, amplificándose y "aplanando" cualquier registro propio), encapsulada en los códigos, sin ninguna relación dinámica. Excluyente. Continum, penalización estructural, "ajusticiamiento" (un retroceso en el marco jurídico al totemismo.[9]

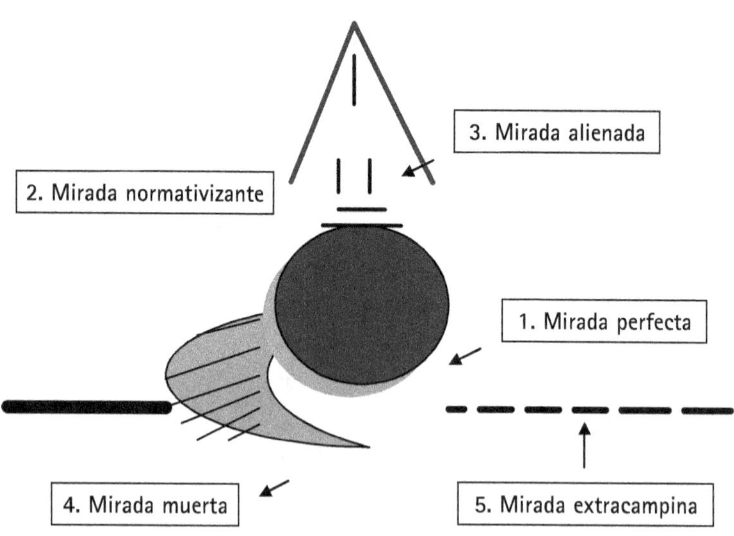

5. Mirada extracampina: en este circuito "desquiciante" (sin quicio, sin marco de circulación) que proponen los otros cuatro estamentos de la mirada, fuera de este campo asfixiante, este ítem aparece como un primer eslabón diferenciado, desde la periferia, desde las intervenciones periféricas hacia un movimiento de transformación, que en primera instancia roza en el plano de la subjetividad y del estado de derecho, un "hacer lugar" hacia un fenómeno de territorialización que eventualmente pueda terminar en la consideración y transformación del sistema jurídico en vigencia y de una implementación eficaz. Este modo de la mirada, si bien aplanado por las discursividades en vigencia, es pulsátil. Una emergencia que permite recorrer sus alternancias, y por ende procurar producciones espontáneas y aportes originales.

Aspectos jurídicos

Del derecho a castigar a la criminalización de la discapacidad:

Este deslizamiento no es en el plano jurídico penal (no a simple vista) sino en lo que respecta a la mirada: mirada expulsiva, segregatoria, repugnancia de las miserias del cuerpo, extorsión de los "malentendidos" de la ley a la hora de sentar jurisprudencia, equivalente del leprosario, mirada que baja al suelo (vergüenza para no contaminarse), solución práctica de tranquilización y control social.

En pos de una pretensión sanitaria: victimización, reforzamiento del síntoma, estupor, macabra inmovilidad del sistema jurídico penal.

Consideremos la institución total por excelencia, la cárcel, desarrollado magistralmente por M. Foucault en *Vigilar y catigar. Nacimiento de la prisión*,[10] como ejemplo arquetípico del estado como agente victimizador. La crisis de la institución penitenciaria nace con la misma institución. Con la Revolución Francesa la cárcel toma un papel central, transformándose así en la pena democrática por excelencia.

El circuito así establecido podemos graficarlo de la siguiente manera:

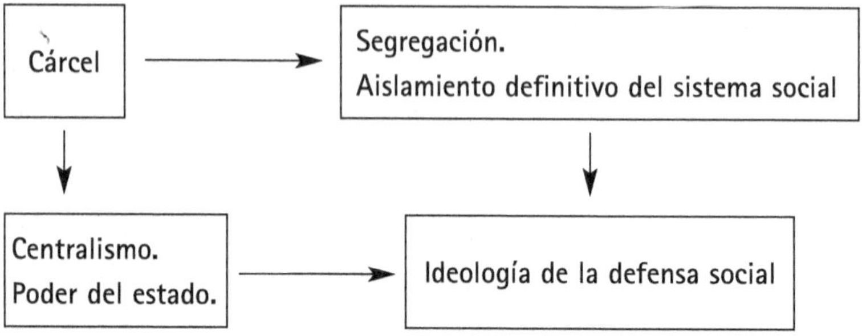

En este sentido, el sistema penal en América latina es un discurso de justificación del sistema penal traído de los países centrales. También importamos una crítica a una realidad social que no guarda relación con la construcción de la experiencia y los emergentes de la región.

Una de las razones que podemos argüir sobre la pobreza de trabajos de relevamiento e investigación de esta problemática, ligada en un amplio espectro a toda estructura que el sistema capitalista considere "improductiva", y esto roza directamente a las políticas de salud referidas a discapacidad y en segunda instancia a toda intervención accesible, es que el poder central no tiene interés de investigar sobre la etiología de ese poder y sobre lo que lo mantiene en pie, cosificado.

Respecto del marco jurídico no encontramos otra manera que sentar las bases del espacio accesible como una intervención que, en primera instancia, considere la realidad del sistema en cuestión desde los fundamentos del derecho humano y a partir de allí analizar la operatividad real de un sistema desde un plano sincrético. El conocimiento (incluso el aquí vertido) no puede tener otra posibilidad que la transformación de la realidad y esto supone, ante todo, una operatoria simbólica que desmantele la presuposición de que el sistema de flujos normativos funciona de manera natural.

Aquí nos encontramos con dos saberes en juego:

1. **Normativo**, saber jurídico penal.
2. **Causal explicativo**, explicación etiológica de las disfunciones o lesiones del sistema.

En última instancia, todo ejercicio del poder que aspira a una posición naturalista es en sus fundamentos, organicista. El poder y las políticas consecuentes que de él devienen no se ejercen naturalmente, sino que es un acto contractual.

En este sentido todo acto de segregación es una forma específica de privación de la libertad, tanto en sus alcances jurídico, social y subjetivo, como contraparte en idénticos niveles del análisis de las acciones, estrategias e intervenciones destinadas a producir ámbitos de integración.

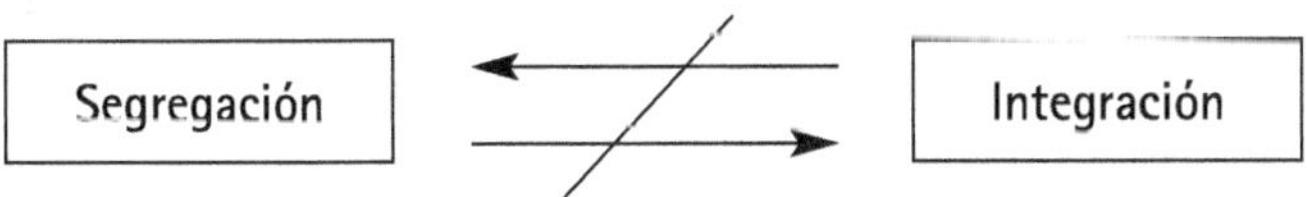

Las políticas recostadas sobre marcos jurídicos que tienden de un modo velado a producir espacios de segregación, crean también un doble circuito de exclusión propio de los sistemas cerrados:

1. Un mecanismo de segregación primario, correspondiente a la producción de instituyentes como agentes victimizadores.

2. Un mecanismo de segregación secundario como expansión del circuito de violencia física y simbólica, dando como resultado la extirpación del cuerpo, la estigmatización de la enfermedad, la invención de nuevos modos de padecimiento y sufrimiento, y en última instancia reforzando o provocando la exclusión.[11]

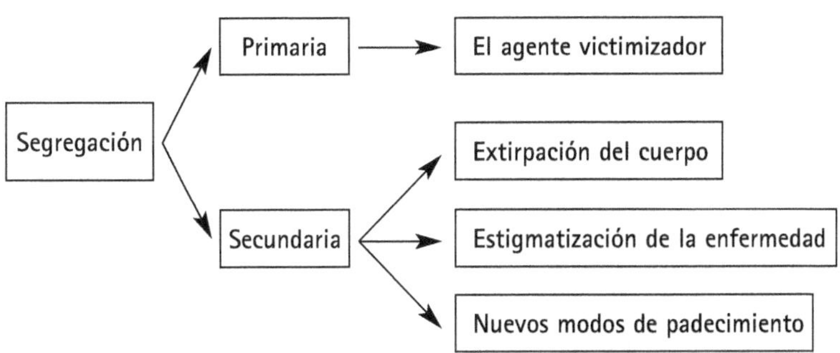

No es la cuestión que haya marco jurídico y qué marco jurídico ampare, sino que sus aspectos instituyentes están sostenidos en relaciones de poder donde la polarización progresiva de los niveles de pobreza y exclusión es consecutiva de las condiciones de hacinamiento psíquico y físico: allí no hay espacio posible, no hay espacio asequible, no hay espacio accesible. De un modo velado (y paradójicamente como garante jurídico) la acción represiva se la apropia el poder centralizado.

Bajo esta premisa está construida la ciudad, y en última instancia habría que imaginarla como un gran metamorfo, un acumulador, una máquina delirante que no permite la construcción de máquina deseante alguna, por lo tanto carcinoma que no requiere de lo humano.[12, 13]

¿Qué clase de restitución supone entonces procurarla accesible? No otro que el de una fundación. Sobre lo trazado: fundar una ciudad, fundar una mirada, fundar un estilo de dictar jurisprudencia.

Amplificación

El fenómeno de la amplificación resulta funcional a otro mecanismo propio de la modernidad: la acumulación. Acumuladores de capital, de energía, y sus consecuentes fracturas: del marco jurídico, de la polarización obscena de la riqueza, de **la brecha progresiva qué correlaciona, cada vez de modo más estrecho, exclusión y discapacidad.**

Éste es también un aspecto ligado al espacio accesible.

Al respecto, queremos proponer dos axiomas concomitantes a la cuestión de la amplificación:

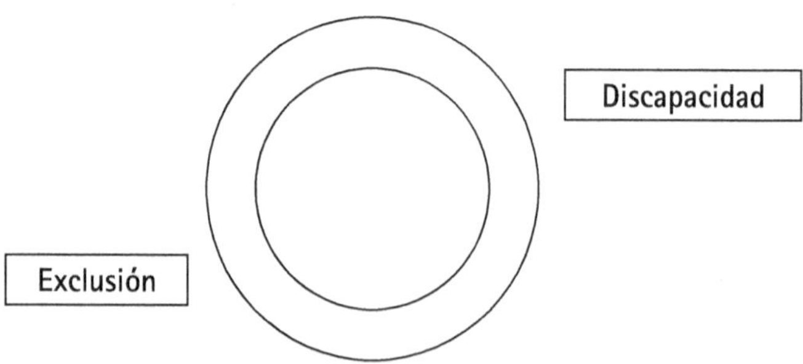

La accesibilidad es una relación inversa a la amplificación

Imaginemos por un momento un proceso continuo de amplificación: edificios que se yerguen contra el cielo, apiñándose, orondos y orgullosos en áreas cuya infraestructura de servicios de agua, instalación eléctrica, cloacas, suministro de gas, tolera sólo un cierto grado (cantidad) de consumo y utilización (manipulación del recurso). Imaginemos por un momento este "desarrollo" intenso sobre el territorio ya propuesto en un determinado *cuantum* de planificación, es decir, manteniéndose la variable infraestrutura con un valor constante y la extensibilidad de la ciudad estacionaria (no se crean nuevas áreas de ciudad). Lo que a partir de allí ocurrirá es la ocupación y saturación del espacio disponible y dinámico de un modo hacinado y metastásico, no accesible. La metáfora de la basura, en *Las ciudades invisibles* de Ítalo Calvino, produciendo en la periferia cordones de continuidad y enrollándose desechos de unas ciudades con otras hasta hacerlas sucumbir, es reflejo del modo en que se produce y crece este fenómeno aquí descripto (ver en "Otras arquitecturas...").

La accesibilidad es función directa de la problemática de la salubridad

Junto con el antecedente ya citado sobre planificación urbana y delimitación de la ciudad, emerge la cuestión de la salud en términos epidemiológicos, aquella corriente derivada de la medicina y la salud pública en los albores del siglo XX conocida como "higienismo".

En Argentina, en su estado de "inmaculada concepción" (tan ligada a las proposiciones de la beneficencia y el asistencialismo estatal)[14] ha sido subsecuente a las condiciones de insalubridad, insanía y deglución cardinal creados por los intereses de las familias notables de la oligarquía dominante en detrimento de una clase escasamente diferenciada, apropiándose de la acción colectiva.[15]

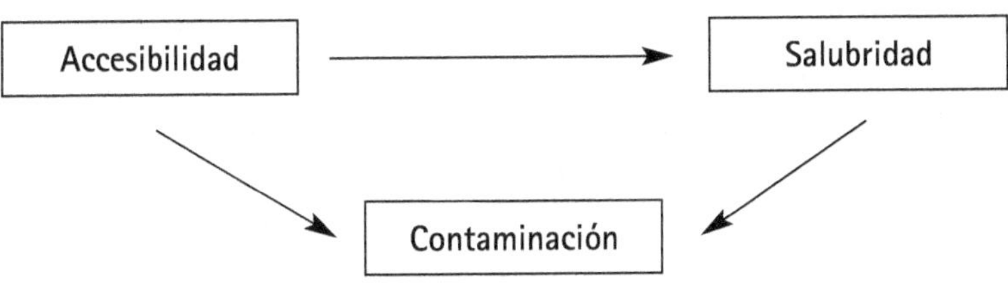

El otro aspecto relevante es el referido a la contaminación. En este sentido, la problemática del tóxico en términos sociales, no es ajena a la de la accesibilidad al referirnos a las interrupciones de las secuencias de circulación y de flujos (de otro modo lo referido como barreras físicas y de comportamiento).

Como tal, este aspecto se hace objeto de un consumo con validación social: crea un corpus en el tejido de las dinámicas deseantes y su modo tangencial es eficaz en los "procesos de gerenciamiento" al momento de delimitar los nuevos bordes del concepto ciudad.

DISCAPACIDAD Y CLASIFICACIÓN

La discapacidad como problema

En la actualidad, existen muchos indicios preocupantes que señalan que: ni el término ni el concepto de discapacidad resultan plenamente satisfactorios, para describir ni comprender una de las manifestaciones más fundamentales de la esencia humana.

Estos indicios tienen que ver, por ejemplo, con la escasa identificación que las mismas personas con discapacidad suelen mostrar con respecto a su propia condición. Sin embargo, esta falta de identificación no es privativa de las personas con discapacidad, ya que el común de las personas muy raramente reconocen que tienen discapacidades, cualquiera pueda ser el tipo o el grado de éstas.

Por esta razón podemos concluir que la discapacidad, en general, a pesar de que es una condición inherente al ser humano, es algo que toma tiempo aceptar, por las connotaciones negativas que la rodean. En algunos casos no se acepta nunca, a pesar de las apariencias.

Deberemos profundizar en las causas (psicológicas o de otra índole) que explican esta situación de negación de la propia condición de discapacitado, si es que queremos ayudar a revertir los obstáculos para este reconocimiento y las consecuencias negativas que de ello se derivan. Es importante tomar debida cuenta de esto porque afecta, no sólo a las personas con discapacidad, sino también al resto de los miembros de la sociedad, impidiendo una integración más plena en todos los aspectos de la actividad humana.

Discapacidad y política

La política es una de las esferas en las que se muestra la poca aceptación del concepto de discapacidad, y se expresa por un lado, como la discriminación de la que son objeto las personas con discapacidad y, por otro, como la autonegación que las mismas personas con discapacidad hacen de su propia condición. Es justamente ahí, en el ámbito de las tomas de decisión, en el que las personas con discapacidad están luchando por tener una presencia más efectiva, que se manifiesta este problema con toda su gravedad.

En razón de los enormes obstáculos que representa su reconocimiento e identificación, verificamos que la causa de la discapacidad, entendida como una opción política que debería ser de enorme interés para las grandes mayorías, no arrastra multitudes, ni siquiera logra conseguir la firme adhesión de las propias personas con discapacidad.

Esto es así porque las connotaciones asociadas al concepto de discapacidad resultan siempre negativas o peyorativas, sin terminar por ser lo suficientemente neutras o inclusivas.

En lo que sigue se describirán los aportes y avances logrados por las clasificaciones de la Organización Mundial de la Salud (OMS), para contribuir a aclarar conceptos.

La OMS y el concepto de discapacidad: importancia de la Clasificación Internacional de Deficiencias, Discapacidades y Minusvalías (CIDDM)

En el año 1980, la Organización Mundial de la Salud (OMS)[16] generó una clasificación general y comprensiva de la discapacidad que va desde una visión de los orígenes médicos y de salud del tema hasta llegar a sus manifestaciones últimas en la vida humana, en todos sus aspectos: sociales, económicos, políticos, laborales, culturales, del entretenimiento o del placer, etc. Esta clasificación, conocida como Clasificación Internacional de Deficiencias, Discapacidades y Minusvalías (CIDDM) o International Classification of Impairments, Disabilities & Handicaps (ICIDH), ha sido de gran valor durante todo este tiempo habiéndose utilizado ampliamente en esferas tales como la rehabilitación, la educación, la estadística, la política, la legislación, la demografía, la sociología, la economía y la antropología.

Otro aspecto importante de la CIDDM es que, con ella, por primera vez se comenzó a poner el acento en el entorno físico y social como factor fundamental de la discapacidad, es decir, se señaló a las propias deficiencias de diseño como causas generadoras de limitaciones y reducción de oportunidades.

Esta primera clasificación se orientaba a entender el fenómeno de la discapacidad, en términos generales, desde experiencias de salud enfocadas hacia tres aspectos negativos o de restricción:

1. **Las deficiencias** que se presentan en lo corporal, fisiológico u orgánico.

2. **Las discapacidades**, entendidas como las restricciones en la actividad de un individuo debido a cualquier deficiencia.

3. **Las minusvalías**, entendidas como situaciones desventajosas, derivadas de deficiencias o discapacidades, que limitan o impiden participar o desempeñar roles sociales en niveles considerados normales.

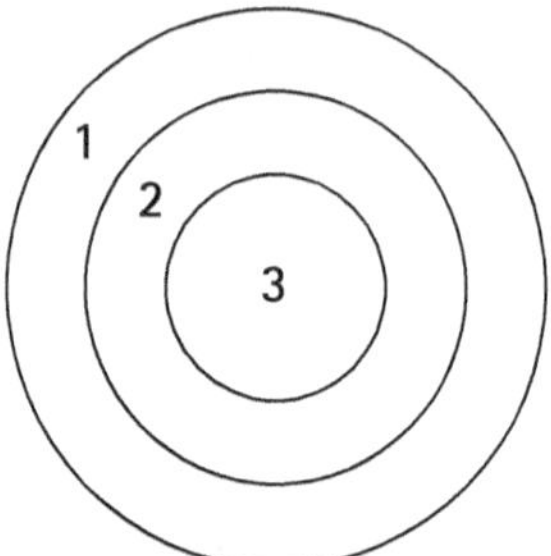

No obstante los avances logrados, muchos usuarios expresaron su preocupación por el hecho de que algunas definiciones que figuraban en la clasificación (como la del término minusvalía por ejemplo), además de implicar ciertas connotaciones negativas, podían aún considerarse de carácter demasiado médico y centrado en la persona, y tal vez no aclaraban suficientemente la relación recíproca entre las condiciones o expectativas sociales y las capacidades de la persona. Por esta razón la OMS decidió someter esta clasificación a una reformulación conceptual radical que se expresa en una nueva CIDDM, llamada CIDDM-2.

Clasificación Internacional del Funcionamiento y la Discapacidad (CIDDM-2)

La última versión de esta nueva clasificación, ya no habla de "Clasificación Internacional de Deficiencias, Discapacidades y Minusvalías", ni siquiera de "Clasificación Internacional de Deficiencias, Actividades y Participación". Ahora se habla de "Clasificación Internacional del Funcionamiento y la Discapacidad". Para evitar las connotaciones negativas el término "discapacidad" ha sido reemplazado por ejemplo por el término neutro "actividad" y las circunstancias negativas en esta dimensión se describen como "limitaciones de la actividad"; el término "minusvalía", ha sido reemplazado por el de "participación", y las circunstancias negativas en esta dimensión se describen como "restricciones de la participación"[17] (ver cuadro).

Dimensiones	Funciones y estructuras corporales	Actividades	Participación	Factores contextuales*
Nivel de funcionamiento	Cuerpo (partes del cuerpo).	Individual (persona como un todo).	Social (situaciones vitales).	Factores del Entorno (influencia externa sobre el funcionamiento) + Factores Personales (influencia interna sobre el funcionamiento).
Características	Funciones corporales. Estructuras. corporales	Realización de actividades.	Implicación en situaciones vitales.	Características del mundo físico, social y actitudinal + Atributos de la persona.
Aspectos positivos (funcionamiento)	Integridad funcional y estructural	Actividades.	Participación.	Facilitadores.
Aspectos negativos (discapacidad)	Deficiencia	Limitación en la actividad.	Restricción en la participación.	Barreras/obstáculos

* Los **factores contextuales** son un componente esencial de la clasificación e interaccionan con las tres dimensiones.

El objetivo principal de la clasificación CIDDM-2, es proporcionar un lenguaje unificado y estandarizado que sirva como punto de referencia para describir el funcionamiento humano y la discapacidad como elementos importantes de la salud. La clasificación cubre toda alteración desde el punto de vista de los "estados funcionales" en los niveles corporal, individual y social, asociados con estados de salud.

"Funcionamiento" y "discapacidad" son términos genéricos que abarcan tres dimensiones:

1. Funciones y estructuras corporales.
2. Actividades en el nivel individual.
3. Participación en la sociedad.

Estas dimensiones de la experiencia relacionada con la salud, reemplazan los términos utilizados anteriormente ("deficiencia", "discapacidad" y "minusvalía") y extienden su significado para incluir experiencias positivas. Existe un malentendido acerca de que la CIDDM-2 trata únicamente sobre personas con discapacidades, sin embargo, es válida para cualquier persona. Los estados funcionales relacionados con cualquier estado de salud a escala individual, personal y social, pueden ser descriptos utilizando la CIDDM-2. En otras palabras, la CIDDM-2 tiene una aplicación universal

Con la breve descripción que se hizo de los elementos y enfoques que están presentes en la clasificación de la versión Beta-2 de la CIDDM-2 se pueden comprobar los siguientes avances:

a. Que dicha clasificación es válida para cualquier persona, sin necesidad que presenten discapacidades, por lo que tiene una aplicación universal.

b. Que la visión de la discapacidad, solo desde sus aspectos negativos o de restricción ofrece una visión fragmentaria y sesgada de la realidad.

c. Que son las faltas de previsión, en el diseño de la realidad social, las que restringen la accesibilidad de las personas para participar en más actividades, por lo que deben ser corregidas a fin de asegurar una mejor integración e interacción de las personas entre sí, independientemente de sus estados de salud, orgánicos o corporales.

La discapacidad como concepto filosófico

Desde un punto de vista filosófico se puede decir que la discapacidad es un aspecto fundamental de la esencia humana por ser una manifestación de la finitud del hombre. Entendiendo por "finitud" al conjunto de hechos y manifestaciones asociados a la condición fáctica de la existencia humana. La vida humana tiene un principio y un final, el nacimiento y la muerte: ésta es la expresión más vital de sus límites. Sin embargo, estos límites se refieren no sólo a la dimensión temporal sino también a la espacial. De esta manera, somos también seres situados en el espacio y nuestro cuerpo resulta ser uno de los determinantes fundamentales de nuestro modo de ser en el mundo. Esta ubicación corporal y espacio temporal nos define como seres finitos. Por otra parte la finitud conlleva también la idea de discapacidad en la medida que pone en evidencia la imperfección de la que gozamos todos los seres humanos.

Discapacidad y salud

Desde que ningún ser humano es perfecto y todos somos seres finitos, todos tenemos un mayor o menor grado de discapacidad, sea temporal o permanente, notorio o no. Por otro lado, la discapacidad puede considerarse como el reverso o uno de los aspectos de la salud, tomado en el sentido más amplio. En todo caso la discapacidad señala una relación a la salud. Y no porque discapacidad sea sinónimo de enfermedad. Es en este sentido que la discapacidad incumbe a todos los seres humanos, en la misma medida que a todos nos incumbe la salud. Si la salud es la condición básica para poder disfrutar de la vida, la discapacidad resulta siendo la presencia de más o menos obstáculos no esenciales que dificultan o impiden este disfrute.

Conclusiones: tipos de discapacidad

Ahora, con la breve revisión que se hizo de los elementos que constituyen el concepto y las manifestaciones de la discapacidad, derivados de las clasificaciones de la OMS o del análisis filosófico, se puede comprobar lo siguiente:

1. Que la discapacidad constituye una escala de grises de la que participamos todos los seres humanos, sin excepción, desde que no existen estados de salud perfectos.

2. Que la discapacidad es una condición esencial del ser humano que debe ser estudiada en mayor profundidad porque, a través de la manifestación de sus grados extremos, se puede llegar a conocer aspectos de su realidad todavía desconocidos o que han pasado desapercibidos hasta el momento.

3. Que tan pronto como se comience a comprender la verdad de esta situación comenzarán a caer las barreras que separan a las personas con discapacidades más graves o notorias, de las personas con discapacidades leves o poco aparentes.

4. Que, desde el punto de vista político, la causa de la discapacidad debe convertirse, en el futuro, en una de las causas más importantes de la humanidad, por implicar y ser común a las grandes mayorías que sufren discriminación y carencias, es decir, a los marginados, a los desplazados y a los pobres.

Para este tema se tomará la siguiente clasificación detallada a continuación.

Tipos de discapacidad:

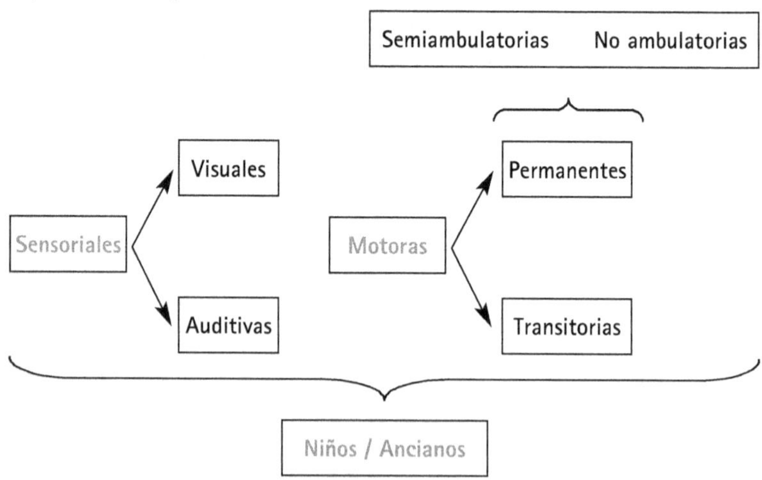

LA PERSONA CON DISCAPACIDAD
O CON CIRCUNSTANCIAS DISCAPACITANTES

Circunstancias discapacitantes

Según consta en el *Boletín Oficial* N° 1607 (Ley N° 962 de Accesibilidad Física para Todos) Modificación al *Código de la Edificación de la Ciudad Autónoma de Buenos Aires"*:

> Es la persona con capacidad diferente a la del modelo antropométrica, mental y funcionalmente perfecto, que es tomado como módulo en el diseño del entorno. Comprende a las personas con deficiencias permanentes, mentales, físicas (sensoriales, motoras, viscerales o patológicas) y casos asociados, juntamente con las personas afectadas por circunstancias discapacitantes como los factores cronológicos (los ancianos y los niños menores de nueve años) y antropométricos (la obesidad, el enanismo, el gigantismo), y situaciones transitorias (el embarazo, llevar bultos pesados o niños pequeños en los brazos o cochecitos.

Descripción y requerimientos para cada caso

Discapacidad auditiva

El sordo
Presenta pérdida total de su capacidad auditiva o posee un resto auditivo que no es posible rehabilitar o habilitar por medio de la amplificación.

Requiere para movilizarse en forma autónoma:

- Aumento de la información sonora en formato alternativo visual (gráfico o luminoso) o a través de señales vibratorias.
- Utilización de iluminación que permita una clara lectura labial.

El hipoacúsico
Presenta un resto auditivo que puede ser rehabilitado por medio de otoamplífonos (audífonos) o sistemas de orientación y comunicación.

Requiere para movilizarse en forma autónoma:

- Acondicionamiento acústico para la estimulación de su resto auditivo.
- Sistemas de sonorización asistida en los diferentes espacios.
- Aumento de la información verbal a través de señales vibratorias, gráficas o luminosas.

En ambos casos pueden evidenciarse trastornos de la comunicación. En el caso de los déficits auditivos se debe tener en cuenta la posibilidad del uso de la lengua de señas.

Discapacidad visual

El ciego

Presenta pérdida total de su capacidad para ver.

Requiere para movilizarse en forma autónoma:

- Que se mantenga el "espacio libre de riesgos" con ausencia de obstáculos, que no estén señalizados.
- Información háptica y auditiva.

El disminuido visual

El grado de discapacidad del mismo puede ser leve, moderada o severa y puede presentar dificultad o imposibilidad de percibir los colores, disminución del campo visual, intolerancia a la iluminación, etc.

Requiere para movilizarse en forma autónoma:

- Iluminación y texturas que potencie al máximo su resto visual útil.
- Colores contrastantes como elemento de orientación.
- Tamaño adecuado de la información gráfica y escrita que permita la utilización del resto visual.

Discapacidad motora

El semiambulatorio

Tiene afectada la capacidad de ambular y actividades asociadas en forma parcial. La actividad manual debe posibilitar el uso de ayudas técnicas para la marcha por lo que la actividad manual se encuentra transitoriamente afectada.

Requiere para movilizarse en forma autónoma:

- Dimensiones de paso que permitan el desplazamiento y maniobra teniendo en cuenta la utilización de ayudas técnicas.

- Utilización de pisos/revestimientos que no provoquen caídas.
- Evitar las disposiciones constructivas y espaciales que dificulten la movilidad.

El no ambulatorio

Su desplazamiento puede ser logrado con silla de ruedas; su movilidad puede ser muy reducida o nula.

Requiere para movilizarse en forma autónoma:

- Dimensiones adecuadas que permitan el desplazamiento y maniobra de la silla de ruedas.
- Disposiciones constructivas que permitan salvar desniveles: ascensores, rampas, medios alternativos de elevación.
- Conocimiento de la antropometría del individuo en silla de ruedas para que todo tipo de diseño posibilite alcances funcionales.

En cada caso los tratamientos deberán tener en cuenta pautas que orienten a la compensación y/o rehabilitación de las funciones que se hallan en déficit, con el fin de lograr la inserción social del individuo a la sociedad en su conjunto.

Por tal motivo cabe destacar que entre otras cuestiones los diferentes profesionales que tienen a cargo el tratamiento del sujeto que presenta algún tipo de discapacidad, serán orientadores en relación con la accesibilidad y las formas compensatorias, ya sea a través de pautas de conductas y/o equipamientos que faciliten el accionar de cada individuo.

Integración

Las personas con discapacidad se encuentran limitadas en sus actividades, reciben una baja consideración social y también su autoestima se encuentra disminuida. Si a todo lo anterior le añadimos las dificultades de estas personas para vivir en integración social, es fácil deducir que la accesibilidad es uno de los factores importantes, teniendo en cuenta las posibilidades de cada individuo.

Por lo que se propone:

- Garantizar la dignidad y la integridad social de las personas con discapacidad, favoreciendo la unidad y la fuerza de la familia, e impulsando el desarrollo armónico de la comunidad y la sociedad en su conjunto para brindarles oportunidades de desarrollo individual y social.
- Participar en la reformulación del marco legal del Sistema de Asistencia Social, en lo referente a la atención a personas con discapacidad.
- Ampliar la accesibilidad de las personas con discapacidad y la cobertura de atención de los servicios de prevención, rehabilitación e integración social.
- Fortalecer la participación y cooperación social, así como promover una cultura de subsidiaridad, corresponsabilidad, equidad y solidaridad, respondiendo a las necesidades de los grupos de atención integrados por las personas con discapacidad.
- Promover acciones de fortalecimiento de las capacidades de la población con discapacidad o en riesgo, a fin de incorporarlos al desarrollo humano pleno.
- Difundir e intercambiar programas de asistencia social al ámbito internacional.
- Formar recursos humanos profesionales, técnicos y auxiliares especializados en la atención de las personas con discapacidad.

Es una tarea ardua, pero si se cuenta con el apoyo sociopolítico se facilitará la tarea, por esto es importante orientar esta actividad a la concientización social.

LA CIUDAD INACCESIBLE

La ciudad

La ciudad es una invención, ligada por una parte al estatuto de la ciudadanía (*civitas, civitatis*), y al derecho y la constitución del estado por el otro.[18] Del mismo modo, nuestro concepto de ciudad debemos relevarlo a partir de un determinado momento histórico (concepcional), de sus mitos originarios (fundacional) y de una particular relación de fuerzas y sus correspondientes dinámicas de flujos (tensional).

La ciudad y su correlato político (*polis* y ciudad, aglomeración humana y agrupación lógica de flujos por intereses comunes) propone también una relación entre ciudad e imperio con sus particulares fenómenos de territorialización (en un modo expansionista también como trazado de ruta, por ejemplo Alejandro Magno y el cenit de Alejandría) y desterritorialización (arrasar para fundar), y arrasar para arrasar como expresión última de catástrofe. Queda por considerar si esta relación particular de fuerzas guarda relación (como antes propusimos) con el concepto de "metástasis" propuesto por Braudillard.[19]

Hablemos en cambio y, a partir de éstas, de la ciudad moderna, la ciudad planificada sobre precisos intereses ligados a la representación de los flujos de poder y acumulación registrados a partir de la creación de la "banca" (de la que la principal y la comercial ciudad de Venecia y Florencia fueron su epicentro y su origen). Medio de circulación, distribución donde economía monetaria y economía libidinal cierran la brecha de desplazamiento y tienden a su superposición, aplastándose una sobre la otra.[20]

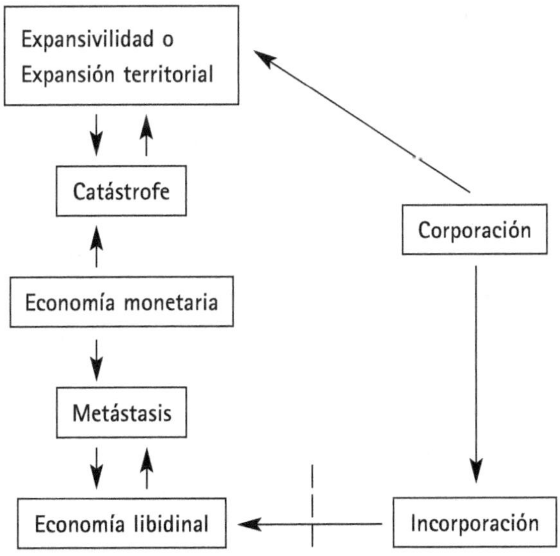

A partir de aquí los procesos serán de **apostrofación de la subjetividad** y de **pretendida racionalización de la catástrofe** (suma gracia de su omnipotencia), por otra parte los efectos que deja sobre la economía libidinal serán los propios del canibalismo y la incorporación totémica, y sus efectos de devastación sobre los cuerpos.

Precisa es la relación que podemos establecer aquí con la accesibilidad y la discapacidad. Podríamos delimitar aquí un tercer axioma, síntesis de los precedentes:

1. **La accesibilidad es una relación inversa a la amplificación.**
2. **La accesibilidad es función directa de la problemática de la salubridad.**
3. **El espacio accesible, la ciudad accesible, configuran una estructura modular con las discapacidades y/o capacidades disminuidas.**

Definimos como estructura modular a:

[el] modo de establecerse relaciones entre operaciones y formalizaciones de diferentes disciplinas, patologías o niveles analíticos y/o de intervención. Operación en acto y operación teórica.[21]

Ciudad cerrada

Este fenómeno ligado a la ciudad ha sido lento y debe medirse en centurias, más precisamente la que media a partir de la revolución industrial, vástago directo de las relaciones de apropiación de los saberes y del desarrollo científico y tecnológico (procesos hegemónicos, satelitales de la globalización).

La cuestión a presentar es la que establece su relación entre cuerpo (incorporación y tóxico) intoxicación, entre cuerpos derrengados (disminuidos), e invalidación respecto de la sustancia que consume. La discapacidad es un caso particular dentro de esta problemática de los cuerpos que se hallan expropiados de sus flujos de circulación.

No en vano la **inmovilidad** y el **control** en las formas de domesticación de la locura y la institución hospicial, y de la dominación del cuerpo criminal; las caracterizaciones patogénicas y orgánico estructurales que realiza

L'Ombrosso del "ser criminológico" son aleccionadoras en la forma de la otra institución cerrada clásica: la cárcel.

En este sentido la ciudad capitalista es el arquetipo de ciudad cerrada, tanto en sus trazados y flujos de circulación, ideologías e ideogramatologías (ideogramas y gramáticas ideológicas): todas ellas ratoneras, todas ellas usinas de acumulación.[22, 23]

¿Cuál es en última instancia la pretensión más cabal de este modelo de ciudad, en la cúspide de los mecanismos de control y apoderamiento?: el exterminio de todo flujo, es decir su propia autoaniquilación (ver en "Otras arquitecturas...").

Algunos destellos de estructuras cerradas derivadas de instituciones totales como el campo de concentración, pueden aleccionarnos respecto de cuán lejos puede llegar este impulso sin resquicio, este "corpus" no ficcional.[24]

La discapacidad, con su inequívoca estela peyorizante y su "peso muerto" es también un síntoma de la ciudad y una lectura a futuro, cuyo atributo (en su desarrollo la megaciudad) preanuncia el punto de arribo para todo ciudadano (*civitas*): la megaciudad, aún objeto de la fantasía, la ciudad continua es en sus procedimientos de exclusión y de exterminación, lo que a los discapacitados les acontece de manera cotidiana: horror continuo.

El paradigma de la integración y la accesibilidad

Los principios de la accesibilidad no debemos equipararlos directamente a los conceptos y políticas ligados a la integración (concepto correspondiente a las prácticas educativas y vicario de los programas estatales educativos), ya que la integración supone un paradigma no exento de barreras y la implementación de un dispositivo escolar "especial" que la sostenga.

No se trata aquí de unidades diagnósticas y asistenciales sino de un instituido "a imagen y semejanza escolar" (el dispositivo de "escuela especial") que resulta en su intervención pública y en la delimitación de su objeto social un andamiaje (en la pretensión de la inclusión social) de segregación sofisticada, no diferente de las instituciones paradigmáticas de la modernidad, tomando de ejemplo, su modelo estructural y por ende más o menos veladamente su "modus operandi": cárcel y hospital psiquiátrico.

A pesar de sus diferencias formales aparentes e incluso funcionales, la mirada se abalanza sin escrúpulos sobre una pretensión totalizante (pretendidamente aséptica) que encapsula el fenómeno, heterogéneo por definición. Lo homogeniza entonces y lo equipara (todos pertenecen a la institución escuela), luego de haberse producido una sutil expropiación del lugar social: bajo esta modalidad, su formalización en el sistema educativo es su exclusión.

Las leyes y las políticas actuales sobre discapacidad
refuerzan la exclusión.

Su formalización en el sistema educativo "especial"
es reafirmación de dicha exclusión.

Es de esperarse que esto tenga repercusiones en la trama que se teja entre "lugar para la ley" (normativas vigentes o por decretarse) y lugar físico.

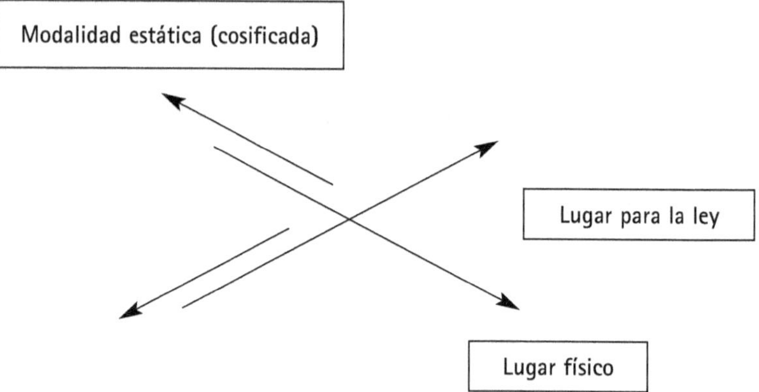

De esta encrucijada no puede esperarse otra cosa que una política de la exclusión.

Debemos en cambio proponer la siguiente modalidad, una **modalidad en flujo**; una política libidinal, es decir, una política pública respecto de la discapacidad que contemple los aspectos subjetivos y dinámicos de la personalidad, que analice el impacto sobre la estructura psíquica de los dispositivos de segregación y de la formalización de una ciudad inaccesible. Si la ciudad es conceptualmente inaccesible, de nada servirá la construcción de miles de rampas orondas y orgullosas frente a los jefes comunales, ni la implementación de semáforos sonorizados, o cualesquiera otras intervenciones que "atiendan necesidades de personas discapacitadas".

Esto queda reflejado claramente en las diversas encuestas oficiales en el hábito nacional: hemos tomado como ejemplo el Censo sobre "Incidencia de la pobreza y de la Indigencia en el aglomerado Gran Buenos Aires", año 2001; la "Encuesta Nacional de Discapacidad", año 2004; y los datos sobre "Desocupación en el conurbano bonaerense y las principales ciudades del país", año 2004. El entrecruzamiento de estos registros (entre otros) provee elementos de análisis estructurales y la posibilidad de diseñar "curvas proyectivas" sobre accesibilidad, discapacidad e integración, a partir de su análisis y codificación. Por otra parte, es punto de partida para desarrollo de investigaciones, tecnologías y programas de intervención al nivel social (ver en: "Informe del INDEC").

Sin un panorama serio en la implementación de requerimientos específicos que contemple estas variables dinámicas, sólo estaríamos produciendo intervenciones cosméticas.

Políticas de salubridad y pobreza de investigación empírica

A partir de lo expuesto consideramos la pobreza de investigación empírica y de trabajo de campo como uno de los factores predisponentes[25] en la problemática del espacio accesible-inaccesible. El relevamiento de campo no es sólo una herramienta más en la consideración del espacio público sino un operador decisivo, como tal, ligado al Estado de Derecho: el in situ del relevamiento, la intervención adecuada y eficaz a partir de su lectura contextual permite establecer las bases de los textos jurídicos, tratándose en nuestro contexto latinoamericano de una intervención determinante, contemplando que la jurisprudencia existente es escasamente tenida en cuenta. De allí que, junto con los trabajos de investigación, sean de fundamentales las campañas, y esto no con un criterio expansionista, demagógico, puramente formal o mediático. Se trata de intervenir, "morder" el hueso de lo social y por ende de las comunidades, sin esto no hay texto social, no hay producto social.[26]

Incidencia de los siguientes factores considerados con la variable discapacidad-accesibilidad

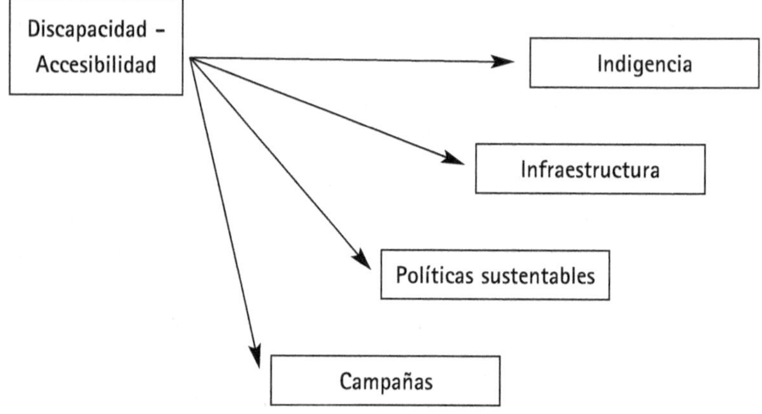

Consideramos aquí la duplicidad de saberes como un obstáculo a las políticas de salubridad y del ejercicio del Estado de Derecho.

Por otra parte resulta fundamental considerar la sincretización cultural en nuestro margen social y la estructura "supracultural" existente.

Resulta importante no confundir esta propuesta con las intervenciones "higienistas" de fines de siglo XIX y principios del XX, subsidiarias de la moral victoriana y cierta pretensión de asepsia, donde la erótica (sexualización de los flujos pujantes) de una ciudad en expansión quedaban reducidos y recluidos en una disciplina militarizada propia de los montajes de las sociedades industriales, a pesar de ser nuestro país subsidiario de la explotación primaria sin manufactura y de los avatares de la producción agrícola ganadera en manos de la clase dominante.

Violencia del espacio y violencia de la mirada: factor de circulación y factor de cautividad

La acumulación (en las formas ya descriptas) provee modos de violencia que retornan el debate al punto que hemos propuesto sobre los dos operadores, a los fines de analizar el espacio accesible: la violencia del espacio y la violencia de la mirada.

Queda planteada esta cuestión: ¿qué relación habrá entre ese quantum de violencia circulante en el tejido de la ciudad (como factor de riesgo) y los accidentes y/o interrupciones de circulación de las personas con algún tipo de discapacidad?

Factor de circulación

Este **factor de circulación** es indicador del potencial, digamos la disposición de una ciudad en particular, en la posibilidad de construcción de parámetros accesibles.

Dicho factor podemos expresarlo de la siguiente manera:

$$\text{Función de circulación} = \frac{\text{violencia circulante}}{\text{Interrupciones de circulación}}$$

$$F_{(ci)} = \frac{V.ci}{I.ci}$$

Otra cuestión para permitirnos analizar y trazar un diagnóstico del "**factor de circulación**" es la que conecta la accesibilidad con el esparcimiento, ya que éste es en el trazado de la ciudad "deambular dirigido", y orientado como objeto de consumo: puerta de salida-egreso a la acumulación para renovar una secuencia circular (citar *El ocio represivo*, de Juan José Sebreli).

Factor de cautividad

Como consecuencia, esto orientará el **factor de cautividad** de los flujos de circulación.

$$\text{Función de cautividad} = \frac{\text{función de esparcimiento}}{\text{Función de accesibilidad}}$$

$$F(cau) = \frac{F\ (es)}{F(acc)}$$

La ciudad y su representación: accesibilidad física y espacio accesible

Entre la ciudad como utopía y la representación de un real de **circulación** y **cautividad** (como acabamos de expresar) se encuentra la ciudad como entidad física. Cabe aquí establecer la diferencia conceptual entre:

Accesibilidad física: su entidad esquemática, intervención tridimensional. Instalaciones.

Espacio accesible: su entidad utópica, ficcional, transdisciplinaria, transdimensional. Diseños.

Ambas están estrechamente relacionadas, estableciéndose un lazo entre la gramática y la sintaxis de las intervenciones accesibles.

Al considerar:

1. Los dispositivos e instalaciones accesibles.
2. Las cuestiones inherentes a diseño y funcionalidad, también tendremos en cuenta su efecto de representación: que una intervención puntual corresponda al código de dicha comunidad, y que revele así su función, su objetivo, su uso, su valor de representación, su eco social, su "para todos", es decir, su relevancia axiomática.

La célebre frase de Picasso "aspiro a representar el mundo con un punto", es posible porque ese punto es un punto situado, utópico pero también historizado en su obra, producto de un cierto movimiento sincrético, ofrecido a los lectores de su actualidad.

De esos puntos tiende a construirse el campo de representación ligado a las intervenciones accesibles.[27, 28]

Extensión e intensidad

La problemática de la accesibilidad en el espacio es un producto del campo de fuerzas resultante y como tal, al igual que lo expresado respecto de la luz, los fenómenos de amplificación y los dispositivos eléctricos resultantes, puede ser expresada con una curva dinámica (entre lo actual, aspecto sincrónico, y lo diacrónico, eje utópico).

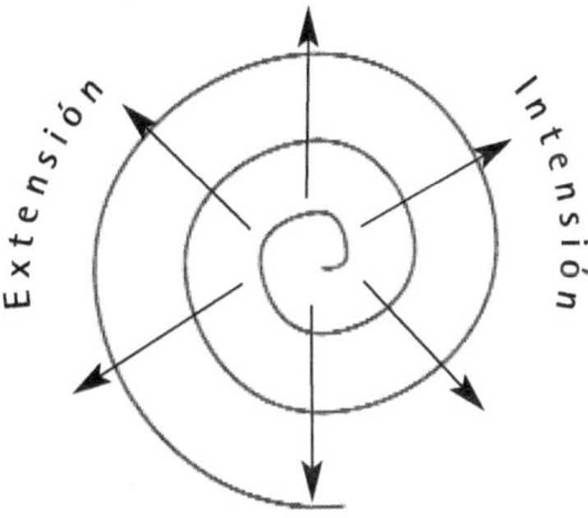

Intensión: cada uno de los "vectores de fuerza".

Extensión: la espiral resultante.

La ciudad utópica tenderá a un valor π: **"1,26" para la resolución de dicha elipsis.**

La ciudad actual, eje de nuestra intervención y análisis de este libro, tenderá en cambio a un sistema caótico.[29]

IMPACTO SOCIAL DE LA PROPUESTA ACCESIBLE

La cobertura

La ampliación de la cobertura de los servicios de rehabilitación acercaría a las personas con alguna discapacidad a la población vulnerable y en riesgo de caer en la marginación, disminuyendo de manera notoria los gastos que harían en su traslado; facilita la inclusión familiar, laboral y escolar de estas personas; mejorando su calidad de vida y propiciando una cultura de autogestión, inclusión y respeto a su dignidad.

Si incrementamos la calidad de los servicios a la población con discapacidad atendida en los centros de rehabilitación, se obtendrá una mayor efectividad diagnóstica y terapéutica y proporcionará una amplia satisfacción a los usuarios de los centros.

Será necesario también dar una respuesta integral a los reclamos sociales de las organizaciones y personas con discapacidad, hasta ahora atendidos de manera parcial y con acciones fragmentadas.

Por lo tanto, es esencial prestar especial atención a los reclamos de las personas con discapacidad y analizar qué hacen a partir de los datos con que cuentan sus organizaciones, análisis que en mucho concuerda con resultados de estudios realizados en países desarrollados.

1. Ya que dicha persona demanda gastos permanentes...
   - En equipamiento especial (por lo general costoso e inadecuadamente cubierto por obras sociales, sistemas privados de salud y programas de asistencia pública social).
   - En asistencia personal (también costosa si es contratada privadamente ya que no suele estar cubierta por programas públicos sociales, o en su defecto, involucra el trabajo impago de otro integrante del hogar que a su vez encuentra sus oportunidades de desarrollo seriamente limitadas, sean educativas o laborales).
2. Asimismo, la persona con discapacidad difícilmente pueda acceder a las mismas oportunidades educativas y laborales futuras que otras personas sin discapacidad de su misma edad. De ahí, que la discapacidad tiende a implicar analfabetismo, empobrecimiento y exclusión social.

Indicadores económicos y sociales en América latina

El análisis del comportamiento de los indicadores económicos y sociales en América latina, especialmente, durante los últimos años permite suponer que, con algunas variaciones, los resultados del relevamiento realizado en Argentina pueden generalizarse a la región. En forma resumida, puede concluirse:

1. Hay una población no concientizada entre personas con discapacidad y especialistas, acerca de la accesibilidad y, consecuentemente, de las mejoras concretas que en lo inmediato podrían brindar nuevos avances en ciencia y tecnología.

   La idea que la globalización de los mercados se corresponda con una internacionalización del acceso a los avances de la ciencia y tecnología y de su aplicación para responder a las necesidades de niños y jóvenes en América latina parece chocar con realidades que la superan.

   Pareciera que para estos jóvenes y niños casi no hubiera ninguna posibilidad, si no se satisfacen previamente sus necesidades más básicas y no se crean condiciones institucionales, capacidades y habilidades individuales para acceder a las aplicaciones de los nuevos desarrollos tecnológicos.[30]

2. Para que las nuevas tecnologías abran posibilidades se requiere de una mayor precisión: lo nuevo que se ofrece tiene que ser abierto y flexible, adaptable a necesidades diferentes, a diferentes países y culturas, y a los requerimientos de las diversas discapacidades y de cada individuo para el cual está destinado.

3. Para ello, es absolutamente necesario que exista investigación científica y tecnológica local, porque sólo de la interacción entre los productores de conocimiento científico-tecnológico y los usuarios directos pueden surgir las soluciones a los problemas.

4. Este enfoque contribuirá a que ciencia y tecnología sean útiles, y a que las personas lleguen a concebir que pueden realmente ser necesarios.

Identificación de la problemática en cuestión

Identificar los problemas y necesidades a resolver requiere un razonamiento donde converjan las implicancias psicológicas y sociales que acarrean las barreras creadas por el comportamiento humano y las barreras físicas creadas por el hombre.

De aquí surgirán los problemas y necesidades cuyo análisis y evaluación basados en los conceptos de "accesible"; "discapacidad" e "integración" conducirán al mejoramiento del medio ambiente físico con mayor participación de todos.

Llamaremos accesibilidad al medio físico, a aquello que posibilite a las personas que, con discapacidad permanente o con circunstancias discapacitantes, desarrollen actividades en edificios y en ámbitos urbanos utilizando los medios de transporte y sistemas de comunicación.

La encuesta Nacional de Discapacidad

Sería necesario relevar estos datos en los Censos de Población y Vivienda, así como en encuestas puntuales de profundización, para poder elaborar políticas y programas puntuales que atiendan a las necesidades de los destinatarios de las mismas.

El INDEC en el Censo realizado Encuesta Nacional de Discapacidad (ENDI, 2004) registra que

el 7,1% de la población tiene alguna discapacidad. En números absolutos se trata de 2.176.123 personas, dado que la ENDI fue relevada en una muestra de hogares de centros urbanos de al menos 5.000 habitantes.

La distribución por sexo de las personas con discapacidad muestra un leve predominio de mujeres: el 53,6% son mujeres y el 46,4% restante, varones. Debe recordarse que en el total de la población, las mujeres son el 52,0% y los varones, el 48%. Por eso, la prevalencia entre las mujeres es algo mayor que entre los varones (7,3 y 6,8 respectivamente).

La distribución por edades muestra que el 11,7% de las personas con alguna discapacidad son menores de 15 años, el 48,5% tiene entre 15 y 64 años y el 39,8% restante (866.258 personas) tienen 65 años o más.

En el total de la población, las personas en edad avanzada (65 años y más) son el 9,9%. Esto significa que la prevalencia de la discapacidad en las personas mayores sea del 28,3%, frente a una prevalencia del 5,5% en las edades entre 15 y 64 años y del 3,0% entre los menores de 15 años.

Respecto de la relación de parentesco con el jefe de hogar de las personas con discapacidad, en el 43,9% de los casos se trata de jefes/as de hogar, 23,6% de hijos y las/los cónyuges representan el 16,7%.

La Enni indagó respecto de la cantidad de discapacidades por persona: el 73,9% de las personas con alguna discapacidad tiene una, el 20,2% dos y hay un 5,9% que tiene tres o más. Entre las personas con tres o más discapacidades (128.182), el 45,4% (58.208 personas) tiene 75 o más años de edad.

¿Cuáles son las discapacidades más frecuentes? En primer lugar, las motoras (39,5%). Le siguen las discapacidades visuales (22,0%), auditivas (18,0%) y mentales (15,1%).

Dentro de cada tipo de discapacidad, se especificó en subtipos. Así resulta que dentro de las discapacidades motoras, como se dijo, las más frecuentes entre las discapacidades, el 61,6% corresponde a miembros inferiores, 30,0% a miembros inferiores y superiores y 8,4% a miembros superiores. Situaciones de este tipo de discapacidad son la falta o parálisis o atrofia de uno o dos pies o las piernas, uno o dos brazos o las manos, dificultad permanente para levantarse, acostarse, mantenerse de pie o sentado; dificultad permanente para agarrar objetos con una o dos manos; dificultad permanente para caminar o subir escaleras; necesidad o utilización en forma permanente de silla de ruedas, andador, muletas, bastones canadienses, férulas, prótesis, etc.

El 92,9% de las discapacidades visuales son dificultades para ver y el 7,1% cegueras (45.235). Por dificultades para ver se entiende que aún con anteojos o lentes se tiene dificultad permanente para ver de cerca, de lejos, o que se tienen otras dificultades para ver.

El 86,6% de las discapacidades auditivas son dificultades para oír y el 13,4% restante, sorderas (69.753). Por dificultades para oír se entiende una dificultad permanente para oír lo que se dice, y/o la necesidad o utilización de audífono para oír lo que se dice y/o la necesidad de leer los labios para entender lo que se dice. La sordera es no poder oír ningún sonido.

El 63,2% de las discapacidades mentales son retrasos mentales (275.863) y el 36,8%, problemas mentales (160.444). Se entiende por retraso mental el tener algún retardo o retraso mental que dificulte aprender, trabajar y/o relacionarse, y por problema mental tener en forma permanente algún problema mental que dificulte relacionarse y/o trabajar (por ejemplo psicosis infantil, autismo, etc.). La concurrencia a un hospital de día o centro educativo terapéutico por retardo o problemas mentales fue considerada un indicador de discapacidad mental.

Resultados de la Encuesta Nacional de Discapacidad (Endi) Indec

Del total de personas con alguna discapacidad, el 38,4% no tiene cobertura por obra social y/o plan de salud privado o mutual. En la región del noreste (NEA) esta proporción supera el 50%.

Uno de los resultados más importantes de la Endi es que permite ver a las personas con discapacidad en su calidad de miembros de hogares. La discapacidad no es solo un atributo de las personas individuales sino que caracteriza al hogar en que esa persona vive. Mientras la discapacidad caracteriza al 7,1% de las personas, el 20,6% de los hogares (uno de cada cinco hogares de la Argentina) alberga al menos una persona con discapacidad. Se trata de 1.802.051 hogares, una cifra que expresa más claramente la magnitud de la situación de la discapacidad. Como se verá en los resultados a difundir próximamente, son las familias o el resto de los miembros del hogar, los que se ven especialmente involucrados por la presencia de al menos un miembro en esta situación. Este estudio estadístico confirma la idea de que una persona con discapacidad es una persona que necesita apoyo y asistencia y que su familia y el resto de los miembros de su hogar son su principal recurso.

La primera Encuesta Nacional de Personas con Discapacidad (Endi) es una encuesta complementaria del Censo Nacional de Población, Hogares y Viviendas, relevado en 2001. En aquella oportunidad se incluyó una pregunta destinada a detectar hogares con al menos una persona con discapacidad. Esos datos tuvieron como objetivo proporcionar un marco para seleccionar una muestra a visitar con un formulario específico.

La Endi fue relevada entre noviembre de 2002 y abril de 2003 en una muestra de alrededor de 67.000 hogares urbanos de todo el país. El universo de la muestra es la población residente en localidades de al menos 5.000 habitantes, que representa el 96% de la población urbana del país y el 84% de la población total. El diseño muestral de la Endi permite resultados al nivel de total del país (conjunto de los centros urbanos de al menos 5.000 habitantes), regiones, provincias (para doce de ellas) y grandes aglomerados. Los resultados que estarán disponibles próximamente son para el total del país y seis regiones.

La Endi (complementaria del Censo 2001) constituye la primera experiencia de este tipo en el país y en América latina y tiene como objetivo cuantificar y caracterizar a las personas con discapacidad en lo referente al desenvolvimiento de la vida cotidiana dentro de su entorno físico y social.

Después de estos primeros resultados que aquí se difunden, en el plan de trabajo inmediato de la ENDI figura caracterizar a la población con discapacidad según los distintos tipos de discapacidades e identificar la causa, la edad de origen, el tipo de ayuda que reciben las personas con discapacidad por parte de los distintos actores de la sociedad (seguridad social –especialmente las obras sociales–, organismos estatales y no gubernamentales, etc.), el nivel de auto valimiento, el uso de beneficios legales y sociales, las características sociodemográficas de los hogares con personas con discapacidad y las características y adaptaciones especiales de la vivienda en la cual habitan.

Gráficos

Gráfico N° 1: Cantidad de personas con discapacidad.

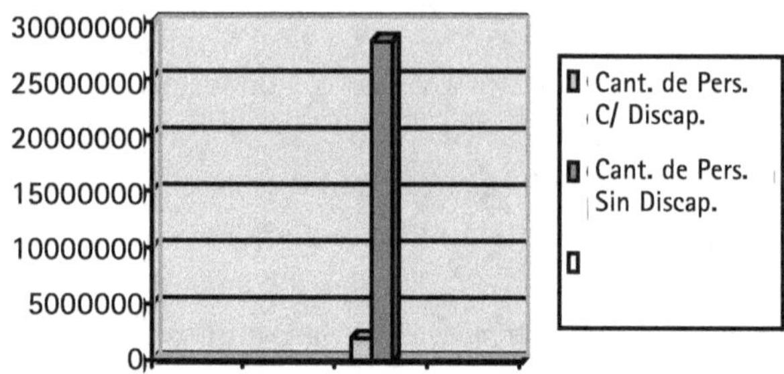

Referencia:

- 2.176.123 son personas discapacitadas.
- 28.473.497 son personas sin discapacidad.

1 de cada 5 hogares argentinos, alberga a por lo menos 1 persona con discapacidad, o sea: 1.802.051 hogares implicados.

Gráfico N° 2: Porcentaje de personas con discapacidad.

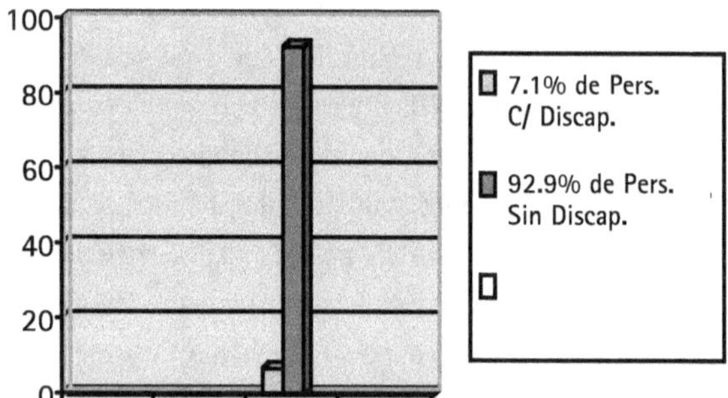

Referencia:

- 7.1 % son personas discapacitadas.
- 92.9 % son personas sin discapacidad.

<h2 style="text-align:center">Gráfico N° 3: Distribución de personas discapacitadas por edades (cantidades).</h2>

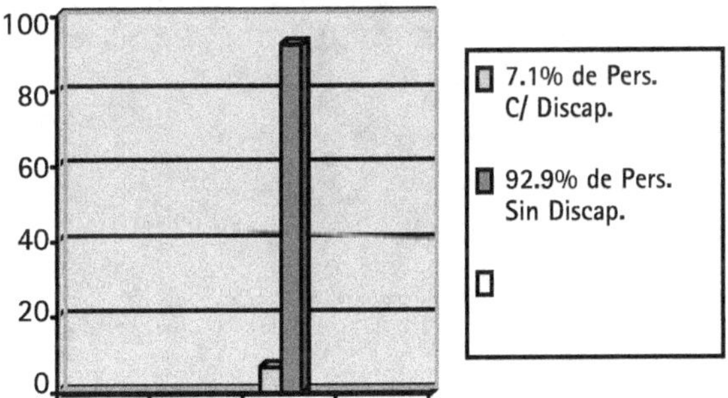

Referencia:

- 254.654 son menores de 15 años.
- 1.055.616 tienen entre 15 y 64 años.
- 866.258 tienen entre 65 o más años.

<h2 style="text-align:center">Gráfico N° 4: Distribución de personas discapacitadas por edades (porcentajes).</h2>

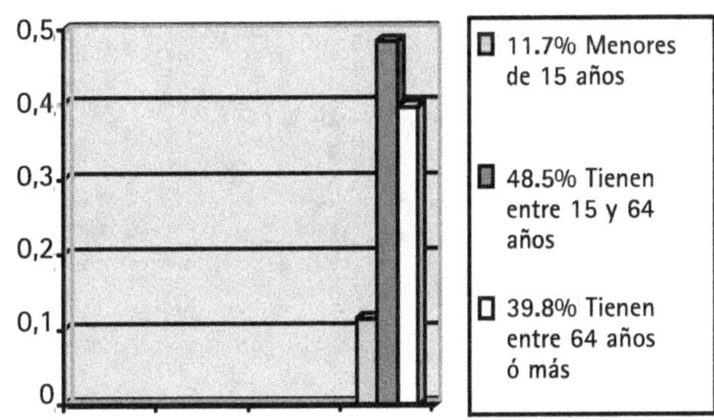

Referencia:

- 11.7% son menores de 15 años.
- 48.5% tienen entre 15 y 64 años.
- 39.8% tienen entre 64 años o más.

Gráfico N° 5: Distribución por cantidad de discapacidades por persona (cantidades).

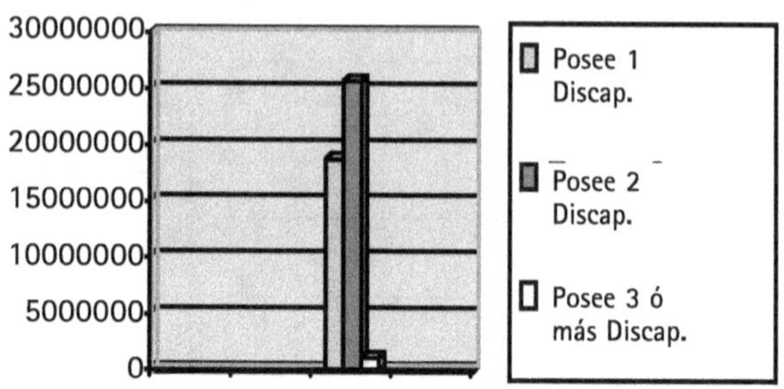

Referencia:

- 1.894.530 posee 1 discapacidad.
- 2.589.276 posee 2 discapacidades.
- 128.182 posee 3 ó más discapacidades.

Gráfico N° 6: Distribución por cantidad de discapacidades por persona (porcentajes).

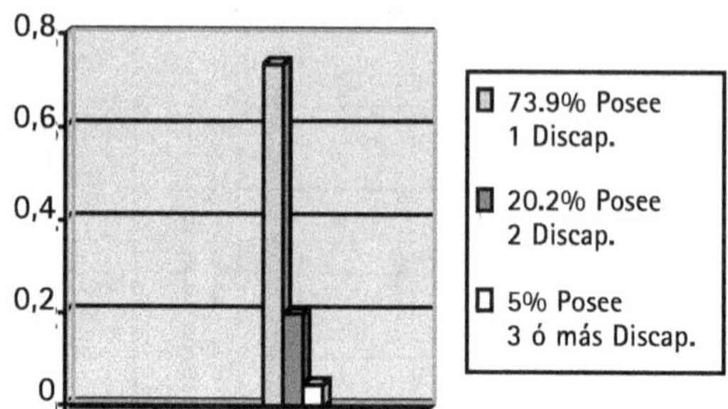

Referencia:

- 73.9% posee 1 discapacidad.
- 20.2% posee 2 discapacidades.
- 5% posee 3 ó más discapacidades.

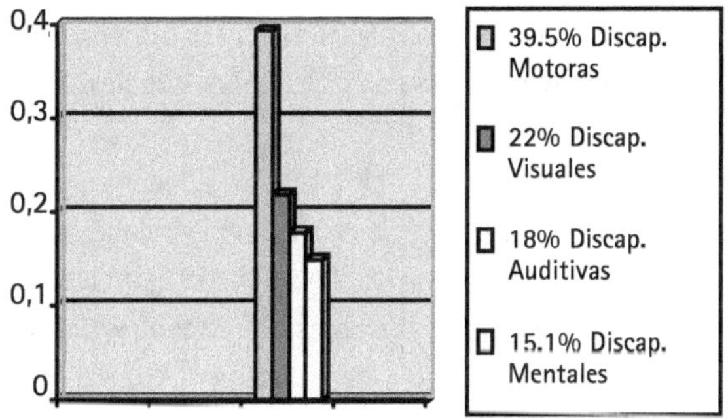

Referencia:

- 39.5% discapacidades motoras.
- 22% discapacidades visuales.
- 18% discapacidades auditivas.
- 15.1% discapacidades mentales.

Premisas y propuestas

Las ciudades y los espacios públicos deben ser accesibles para todos sin excepción alguna. No debemos pensar en espacios especiales sino que cada lugar deberá ser apto para cualquier persona, si pensamos en términos reales de integración, ya que pensarlo de otro modo sería simplemente discriminatorio. Recorriendo diferentes lugares de la urbe se puede encontrar que son netamente inaccesibles. Las calles están rotas, las veredas intransitables para cualquier persona. Las rampas están deterioradas o no reúnen las condiciones necesarias para poder ser usadas sin obstáculos.

En relación con los espacios cerrados se observarán lugares como confiterías, restaurantes y/o bares cuyos ingresos tienen escalones, y en los mejores casos poseen rampas con pendientes muy elevadas, no cumpliendo con los requerimientos para ser usadas. En relación con el espacio interno, difícilmente se verá, que existan lugares en las mesas donde se pueda sentar una persona en silla de ruedas, ya que el espacio entre las mismas es insuficiente.

Son escasos los lugares que cuentan con baños accesibles y si los tienen son "especiales". Existen los baños para personas sin dificultades y baños que dicen, en forma escrita, sin relieve "para discapacitados", no teniendo en cuenta que hay personas con dificultades visuales, además de ser signos estigmatizantes.

Las oficinas públicas, los establecimientos educativos y los organismos de salud son igualmente inaccesibles, situación verdaderamente aberrante por lo que significan estos espacios. Por ejemplo Escuelas dedicadas específicamente a atender niños y jóvenes con alguna discapacidad no poseen rampas, tienen escaleras, no poseen ascensores. Los espacios son tan reducidos que no se puede circular en sillas de ruedas o los pisos están rotos, lo que hace imposible el tránsito con las sillas y pone en riesgo a personas con movilidad reducida, ya sea por el uso de muletas o similar y/o cualquier tipo de torpeza motriz.

Ni los hospitales públicos, ni los organismos privados que atienden la Salud están equipados correctamente.

Otro factor a tener en cuenta en relación con el tema que tratamos son los equipamientos y el transporte. Cuando hablamos de equipamiento hacemos referencias a semáforos, teléfonos públicos, cajeros automáticos, bebederos y todo aquello de lo que podamos hacer uso en la calle. Tanto estos equipamientos como el transporte, ya sea aéreo, terrestre o acuático tampoco reúnen, por lo general, las condiciones mínimas de accesibilidad.

En todos estos casos se deberá tener en cuenta los costos para realizar las adaptaciones necesarias o para construir espacios adecuados. Muchas veces y en forma equivocada se piensa en que todo este tipo de acciones son muy costosas (barreras de comportamiento), pero si se hace correctamente y de manera ordenada puede ser menos gravoso que esas construcciones que posteriormente no resultan.

Este tema requiere un análisis de la situación en el espacio urbano mediante la utilización de un instrumento de evaluación que cubra todos los aspectos comprendidos en el espacio a considerar.

Además, a través de este mismo trabajo se promoverá la organización de seminarios, consultorías (asesoramiento) y programas educacionales sobre diseño, rehabilitación y construcción, que serán sumamente útiles tanto para empresas constructoras, como arquitectos, fabricantes de mobiliario, usuarios y demás personas o profesionales que se relacionen con esta problemática.

Concepto de barreras

Según consta en el *Boletín Oficial* N° 1607 (Ley N° 962 de Accesibilidad Física para todos) Modificación al *Código de la Edificación* de la Ciudad Autónoma de Buenos Aires".

Barreras arquitectónicas: impedimentos físicos que presenta el entorno construido frente a las personas con discapacidad o con circunstancias discapacitantes.

Barreras en la comunicación: impedimentos que presentan las formas de emisión, transmisión y recepción de mensajes (visuales, orales, auditivos, táctiles o gestuales) que presentan los sistemas de comunicación para las personas con discapacidad o con circunstancias discapacitantes.

Barreras en el transporte: impedimentos que presentan los sistemas de transporte, particulares y colectivos (de corta, media y larga distancia), terrestres, marítimos, fluviales o aéreos para las personas con discapacidad o con circunstancias discapacitantes.

Barreras físicas: expresión que involucra a las "barreras arquitectónicas", las "barreras urbanísticas", las "barreras en el transporte" y las "barreras en la comunicación".

Barreras urbanísticas: impedimentos que presentan la infraestructura, el mobiliario urbano y los espacios públicos (parquizados o no) frente a las personas con discapacidad o con circunstancias discapacitantes.

Barreras de comportamiento: impedimentos que se originan a partir de conductas inapropiadas, generando obstáculos.

1. Barrera de comportamiento 2. Barrera arquitectónica = **Espacio inaccesible**

DISEÑO Y DISEÑO UNIVERSAL

El diseño universal y su relación
con los aspectos metodológicos y urbanísticos

A partir de lo desarrollado en los capítulos precedentes hemos considerado las cuestiones ligadas al Diseño Universal y su relación con la accesibilidad:

1. Objeto en cuestión: tomamos como referencia la variable "discapacidad" recortada en el universo "accesible". Este entrecruzamiento propone un objeto delimitado en la esfera social. Por lo tanto todo movimiento de construcción teórica y/o metodológico contemplará la reseña y relevamiento del objeto social para delimitar otros objetos particulares (otros recortes de campo). Consideremos también, que no es posible pasar sin más de este nivel de formalización al estrato subjetivo (el objeto ligado a la subjetividad y a las motivaciones inconscientes) ya que éste tiene sus propios modos de formalización.

2. Metodología: a partir del punto precedente considerar la diferencia estructural entre la definición e intervenciones en el "espacio físico" y la construcción conceptual e implementación del "espacio accesible".
En realidad hablaremos de "los espacios accesibles", ya que diversas disciplinas han desarrollado e investigado sobre este concepto ligado también a la experiencia de esa disciplina.
La relación del espacio físico se vincula con los principios de la geometría euclidiana. Esta geometría, subsidiaria de las formas puras y las curvas "suaves" son apenas un aspecto del espectro geométrico y matemático. Los aportes de la geometría fractal y de las matemáticas topológicas, por ejemplo, proponen un espacio complejo, caótico y, sin embargo, no exento de regularidades, ecuacionable y más allá, imaginables. Otro tanto ha ocurrido con los aportes de la física newtoniana y la física cuántica, en lao márgenes de la fusión del átomo. El concepto de inconsciente desarrollado por el psicoanálisis es también un quiebre en el paradigma iluminista representado por la medicina y la psiquiatría clásicas. Los objetos así delimitados requieren nuevos esquemas teóricos y nuevos modelos de experiencia. De este modo la relación con el espacio se ha transformado de manera decisiva;

debiéramos situar aquí "los espacios" de los cuales el espacio accesible es uno de ellos. ¿Cuál es el alcance del concepto entonces? Proponemos el siguiente acercamiento (para el concepto "espacio accesible"):

1. Complejo.
2. Multicausal.
3. Transdiciplinario.
4. En transformación.

Este último aspecto deriva de una cualidad de la ciudad, ámbito de las intervenciones: la ciudad muta, se expande, va hacia su desintegración, es también un fenómeno disipativo, es un acumulador (de energia, de partículas). En última instancia, el objeto ciudad ya no será el mismo a partir de las experiencias desgarradoras de la Primera Guerra Mundial, que si bien se padecen en las miserias toxicológicas y en el hacinamiento de las trincheras, pronto tendrán sus efectos como maquinaria de arrasamiento humano en su eco y en la producción de armas de destrucción masiva contra poblaciones civiles durante la Segunda Guerra Mundial. Está claro que esto transforma los flujos de circulación contemporáneos y las relaciones con las márgenes del horror, de lo habitable y de lo habitable en el horror.

1. Delimitación del espacio accesible y sus principios: en principio, la relación del espacio físico con el espacio accesible estará situada por dos áreas estructurantes:

a. El diseño (subsidiario incluso de las condiciones de producción y por ende de los componentes de industrialización, distribución, circulación y mercadeo).
b. La ciudad.

Respecto del diseño tendremos en cuenta la relación entre función y forma, la Gestalt, el análisis del objeto, su aspecto inmanente.
Respecto de la ciudad: su discursividad, su curso, el aspecto inherente e interpersonal.
En este sentido, además del entrecruzamiento con el vector "discapacidad" y el vector "ciudad", el espacio accesible es también un aspecto ligado al diseño.

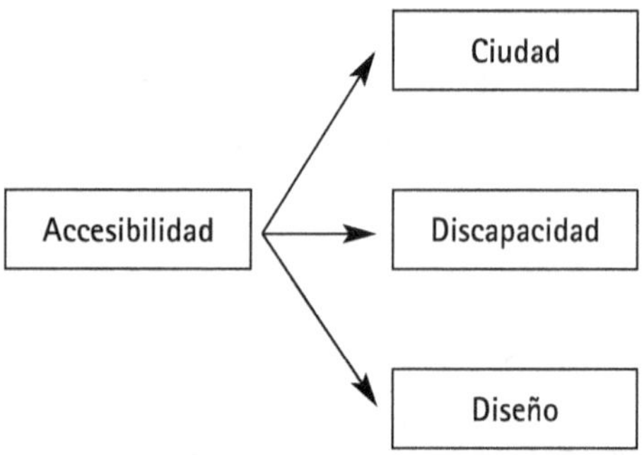

2. El diseño universal y el diseño industrial se hallan en estrecha relación formal y funcional. Las operaciones devenidas del análisis y operatoria sobre el espacio accesible serán, en última instancia, en su implementación sobre la estructura urbanística productos sujetos al diseño Industrial. En lo referente a "la ciudad" consideraremos el aspecto discursivo, sus líneas de fuga, vectores de fuerza, configuración dinámica e ideosincracia libidinal en la producción de flujos sociales. En lo referido al "diseño" consideraremos la función, forma, análisis del/los objetos en cuestión, factor tecnológico, el factor antropométrico, las variables distributivas y finalmente su semiótica.[31]

Accesibilidad y subjetividad

El espacio accesible queda así delimitado como objeto de análisis y estudio, a partir de aquí asequible a escala humana en sus implicancias y repercusiones subjetivas.

Accesibilidad y subjetividad son un punto de intersección a la mínima expresión, aspecto incidental del espacio accesible que traza por un lado los modos de producirse los enlaces con lo social y, por otro, la delimitación de la vida privada.

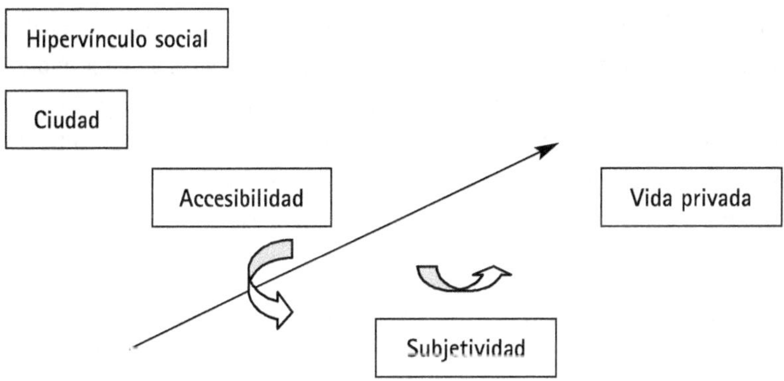

Algunas consideraciones de este espacio a subjetivar, de cuyas derivaciones etimológicas haremos derivar algunas atribuciones:

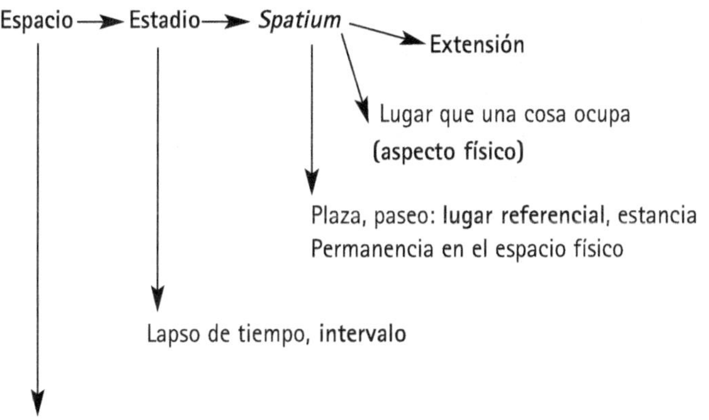

1. Dirección.
2. Proximidad.
3. Finalidad.
4. Relación, comparación.
5. Plazo.

En primer lugar, para poder determinar los alcances de una intervención accesible, debemos considerar que al nivel social y público, en el entramado del tejido urbano, se trata, más allá de su eficacia puntual, de una intervención ideal y utópica, ya que no es posible considerar técnicamente los requerimientos de diseño ligados a las variables psicológicas, históricas, culturales, situacionales, de cada grupo etario y del caso por caso individual. Es decir, que:

1. Procurar intervenciones accesibles supone la consideración de un límite estructural de la intervención y de su eficacia ligado a un condicionamiento en la relación entre la intervención en sus aspectos físicos y sus implicancias metafísicas.

2. La aplicabilidad de estos principios dependerá de considerarlos generales y abstractos, y sólo en cada caso se procederá a analizar la eficacia del diseño en cuestión, su función y consideraciones formales a los requerimientos específicos del usuario (beneficiario).[32]

3. Los requerimientos específicos del usuario-beneficiario, si bien pueden estandarizarse de acuerdo a patrones de comportamiento, disquisición y disposición por modo de demanda específica, tienen un punto de intangibilidad relacionado con el aspecto subjetivo. Una intervención accesible impecable desde el punto de vista formal puede no funcionar por condicionamientos u otros factores predisponentes (vivencias traumáticas, inhibiciones, desarrollo de una fobia, etc.).

4. Considerando el segundo modo de representar la relación entre *espacio accesible*, *ciudad* y *diseño* (conjunto borromeo) propuesta aquí, toda intervención accesible atañe al aspecto social del concepto ciudad, independientemente que se trate de una intervención en el plano público o privado. En este sentido una intervención ergonómica sobre el modo de disponer una silla frente a una computadora se transformará también en una intervención social. Por ejemplo, en un discapacitado motor esa indicación puede transformarse en piedra basal de un proceso socializador: llevar su trabajo fuera de los

límites de la intimidad, o acercándolo a algún modo de producción, originando además de la intervención específica y accesible, un efecto secundario de validación y transformación en la relación con la realidad.

En este sentido, la relación del diseño con el espacio accesible y la dimensión antropométrica, supone la consideración de esta escala y es en sí misma una operación accesible (como uno de los analizadores del espacio).

El tejido urbano y la situación normativizante

En la dimensión de lo que subjetiviza el espacio urbano y lo hace accesible,[33] debemos considerar los procesos de contraste tanto formales como sociales. La división terminante en el acceso a la riqueza conforma uno de los ejes ético-legales del capitalismo: propietarios acumuladores de la riqueza *versus* asalariados acumuladores de la miseria.

I. El tejido urbano es represión en situación normativizante

¿De qué modo represión y acumulación de la riqueza guardan relación, es una instancia cuya síntesis debe leerse en la experiencia de recorrido de la ciudad? Analizador privilegiado que reúne vertientes de análisis ligadas a la conjunción de su expansión, junto a las probabilidades de acaparamiento económico y poder político: **la ciudad represiva**,[34] políticamente, policíacamente perfeccionada, mafiosamente estratificada, desestratificada, no es otra cosa que la ciudad en acumulación expansiva.

II. El tejido urbano es expansión represiva en situación de acaparamiento apocalíptico

Lo excluyente del contraste, la exclusión, es la emergencia y también la vía. De la accesibilidad de esta vía trata el caso puntual de la discapacidad o grupos con capacidades disminuidas. Ése es un aspecto fáctico de un fenómeno normativo y estructural a la ciudad actual.

La ciudad actual produce exclusión, una máquina de exclusión: inmobiliaria, de transporte, de accesos, de circulación, de distribución, de conformación-configuración, de topografías, de programas de intervención.

El inventario y análisis de esta problemática, este "cáncer urbano" y también (valga la paradoja) su condómino, son eje de toda intervención ligada a la participación, la sublevación, la contradicción, las transferencias sociales, la transformación.

III. El tejido urbano es emergencia caótica de ejes de transformación
La accesibilidad es un efecto y un aspecto puntual surgido de este debate y sus intervenciones urbanísticas.
Este fenómeno basal está por hacerse y habrá que evaluar si sus alcances corresponden también al plano de la utopía.
Cuestiones de alcance aún incierto a considerar serán: la investigación, la constitución de programas, intervención, modos de participación, delimitación de los grupos de intereses, culturales, etarios, y los flujos y reflujos de los campos de fuerza concomitantes generados por estos hitos.

IV. El tejido urbano propone ejes en transformación plausibles de nuevos modos de apropiación dialéctica
La relación de flujo, reflujo y producción entre los fenómenos de **exclusión** y la **sublevación** social, tejidos intrusivos u órbitas de la ciudad, según quiera vérselos, son objetos cruciales de apropiación dialéctica y delimitación.
Material de próximo análisis, nudos decisivos en la experiencia de la ciudad expansiva y en su trama dinámica actual.

V. De no producirse estos desplazamientos dialécticos lo caótico actual se vuelve sobre sí en experiencias y vicisitudes asfixiantes.

Accesit: entre la represión y la opresión

Con fines de establecer una relación entre ciertas patologías (psíquicas u orgánicas) y sus modos de intervención, apropiación y transformación, debemos considerar un modo de desplazamiento de estos fenómenos represivos, hacia la producción psicosomática de los cuerpos actuales, hacia diferentes facetas ligadas a las vicisitudes opresivas y a sus particularidades de emergencia y refugio. Este modo particular de ligamiento-desligamiento de un fenómeno estructural hacia la dinámica de los cuerpos y las políticas en salud es rastreable en la historia de la constitución y desarrollo de las urbes, y en sus consecuencias actuales citaremos a modo de ejemplo su relación con un efecto significativo ligado a la relación asfixiante con el continuo urbano: los problemas respiratorios ligados a la contaminación ambiental y al aplastamiento de las posibilidades de representación psíquica.

El desarrollo en la segunda mitad del siglo XX de los múltiples síntomas respiratorios en que esta relación asfixiante es desplegada en la escena social no ha cesado y supone un intento fallido de inscribir el estupor asfixiante del desarrollo continuo y expansivo en la superficie de una dialéctica: amenas, síndromes respiratorios crónicos, alergias crecientes y múltiples, asma o patologías severas respiratorias que toman su semblante en situación delirante, episodios respiratorios agudos que hacen recordar las maneras del síncope. Estas cuestiones atañen tanto a las planificaciones y criterios urbanísticos, tanto en lo referido a los aspectos de la habitabilidad y de los múltiples impactos ambientales y culturales en juego, como a las intervenciones específicas de planificación y orientación en los programas de salud.

No habrá manera de establecer intervenciones sin la producción de un marco que considere estos aspectos estructurales ligados a los criterios urbanísticos en su relación con los aportes clínicos, técnicos y de planificación de las políticas de salud en transformación.

NOTAS

[1] FOUCAULT, Michel. *La arqueología del saber.* México: Siglo XXI, 1970.

[2] MITSCHERLICH, Alexander. *La inhospitalidad de nuestras ciudades.* Madrid: Alianza, 1969.

[3] MISUR, Isal. *El proceso de urbanización en América latina.* 1970.

[4] FOUCAULT, Michel. *Op. cit., supra* nota 1.

[5] GUATTARI. *Cartografías del Deseo.* Buenos Aires: La Marca, 1989.

[6] FOUCAULT, Michel. *Vigilar y castigar.* Madrid: Siglo XXI, 1975.

[7] FREUD, Sigmund. *Introducción del Narcisismo.* Buenos Aires: Amorrortu Editores. 1914.

    —*Psicología de las masas y análisis del yo.* Buenos Aires: Amorrortu Editores. 1921.

[8] Dr. Fernando Octavio Ulloa, médico argentino graduado en la Universidad de Buenos Aires, Profesor Honorario de la Universidad de Buenos Aires, es psicoanalista con experiencia en temas comunitarios, de formación psiquiátrica. *Textos recomendados: Novela clínica psicoanalítica: Historial de una práctica.* Barcelona: Paidós, 1995; y *¿Es necesario encerrar? El derecho Desmanicomialización.* Ficha de Cátedra.

[9] FREUD, Sigmund. *Tótem y tabú, 1912-1913.* Buenos Aires: Amorrortu Editores, 1997.

[10] FOUCAULT, Michel. *Op. cit., supra* nota 6.

[11] "En un país... los poderes públicos no pueden decretar la segregación como tal... convergen hacia la segregación". LEFEBVRE, Henri. *El derecho a la ciudad.* Barcelona: Ediciones Península, 1984.

[12] LEM, Stanislav. *Solaris.* Barcelona: Minotauro, 2003.

[13] DELEUZE, G. y GUATTARI, F. *El antiedipo, capitalismo y esquizofrenia.* Barcelona: Paidós, 1998.

[14] RECALDE, Héctor. *La salud de los trabajadores en Buenos Aires (1870-1910). A través de las fuentes médicas.* Buenos Aires: Grupo Editor Universitario, 1997.

[15] FALLETI, Tulia G. y SISLIAN, Fabián E. (ed.). *Dominación política, redes familiares y clientelismo.* Buenos Aires: Grupo Editor Universitario, 1997.

[16] DEL ÁGUILA, Luis Miguel. *La voz latinoamericana.* Documento OMS: 1985.

[17] CORIAT, Silvia. *Lo urbano y lo humano. Hábitat y discapacidad.* Santiago de Chile: Rumbos, 2002.

[18] "Derecho de ciudad: prerrogativas que tenía antiguamente cada ciudad, pues que era un verdadero Estado. En Roma, por ejemplo, el derecho civil o romano era aplicado sólo a los ciudadanos". *Diccionario enciclopédico de la lengua castellana.* Buenos Aires: Códex, 1976.

[19] BAUDRILLARD. *Las estrategias fatales.* España: Anagrama, 1983.

[20] "... a menos en parte, el hábitat se ha asociado... pero la expansión urbana tampoco deja de desempeñar un papel determinante... la reciente organización del espacio permite que aparezcan esbozos de una nueva estructuración colectiva. Cuánto más se desarrolla la urbanización más se disuelve el antiguo modo de organización morfológica y sociológica". LEDRUT, Raymond. *El espacio social de la ciudad.* Buenos Aires: Amorrortu Editores, 1977.

[21] RODRÍGUEZ, C. *Estructuras modulares en psicoanálisis.* Inédito.

[22] DERRIDA, J. *De la gramatología.* México: Siglo XXI, 1986.

[23] JURESA JL. y RODRÍGUEZ, C. *Política libidinal.*

[24] AGAMBEN, G. *Lo que queda de Auschwitz, El Archivo y el testigo.* Valencia: Homo Sacer III, Pre-textos, 1999.

[25] FREUD, Sigmund. *Conferencias de introducción al Psicoanálisis, 1916-1917.* Buenos Aires: Amorrortu Editores, 1986.

[26] ZAFFARONI. *La gestación del Poder en nuestro margen y nuestro saber.* Bogotá: Temis, 199?, págs. 87-88.

[27] KANDINSKY, Vasili *Punto y línea sobre el plano.* Barcelona: Paidós, 1998.

[28] PANOVSKY, Edwin. *Estudios sobre perspectiva.* Madrid: Alianza, 1979.

[29] CARBÓN POSSE, Eduardo. *La Teoría del Caos. Buenos Aires: Longseller, 2001,* pág. 12.

[30] "La mayor prevalencia de la discapacidad se ubica en niños y adolescentes con cifras diez veces mayores que en los países desarrollados". BLASCO, E. "De la discapacidad y su magnitud", en *Boletín UBA*. 1997.

[31] BARTHES, Roland. *Mitologías*. México: Siglo XXI, 1991.

[32] TEDESCHI, Pablo. *La génesis de las formas y el diseño industrial*. Buenos Aires: EUDEBA, 1966.

[33] SASSEN, Saskia. *La ciudad global*. Buenos Aires: EUDEBA, 1999.

[34] FRANK, Manuel y FRITZIE, Manuel. *El Pensamiento utópico en el mundo occidental*. Madrid: Taurus, 1981.

CAPÍTULO II

Posibles analizadores del espacio urbano

Proponemos aquí un breve cuadro de estimación del problema y su "genealogía" de abordaje:

I. Discapacidad-accesibilidad. Cómo llegar a la integración:

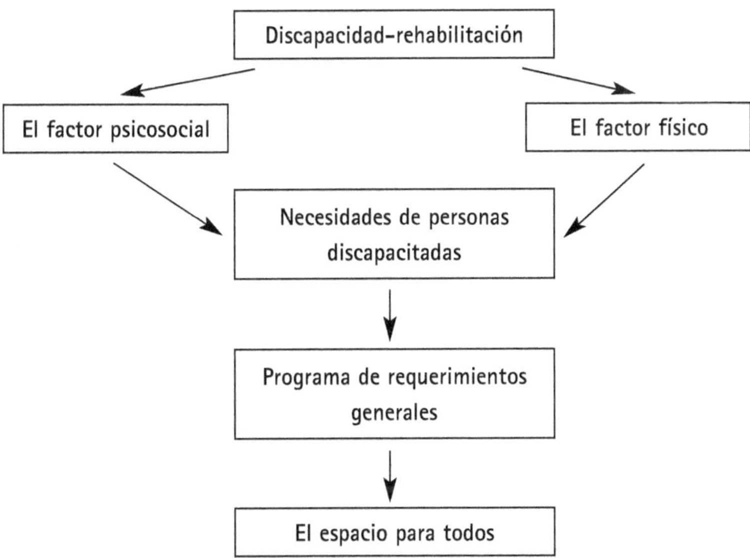

II. Analizadores del espacio urbano. Aspectos relativos al factor psicosocial y el factor físico.

	Lo público	Lo privado	Objetos (ligado a): 1. La pulsión de apoderamiento. 2. La voz. 3. La mirada.
Marco jurídico legal: • Ordenanzas • Leyes nacionales y provinciales.			
Espacios: • Abiertos. • Cerrados.			
Equimamiento: • Fijo. • Móvil.			
Transporte			
Aplicaciones:			

Delimitar el **objeto social**: analizar el espacio físico para personas con requerimientos específicos. Considerar el marco jurídico, legislación y ordenanzas en vigencia, la casuística existente al respecto en nuestro país y las intervenciones urbanísticas que se hayan realizado.

¿Por qué? Estudiar los aspectos relativos a la integración y accesibilidad, considerando los factores ambientales y culturales específicos de una comunidad, como así también las posibilidades estructurales y materiales para cada comunidad.

Al respecto y en correlación con estos dos niveles o Analizadores, proponemos la construcción de un programa de actividades, de las cuales esta enumeración es su primera estimación:

1. Investigación.
2. Formación y capacitación.
3. Difusión. Información a la comunidad.
4. Diseño de campañas.
5. Aplicaciones (cuestiones relativas al diseño).

Dicho programa supone la determinación de un trabajo de documentación sobre la intervención específica que se decida, el análisis de casos, la casuística, población a partir de la que se erija el diseño de investigación, delimitación del campo y del objeto en cuestión, construcción de hipótesis, desarrollo de la investigación.

INFORME DEL INDEC

Nos proponemos señalar aquí dos estudios realizados por el INDEC, uno derivado de la Encuesta Permanente de Hogares (EPH) llevada a cabo en el mes de mayo de 2001:

1. Incidencia de la pobreza e indigencia en el aglomerado Gran Buenos Aires, la otra correspondiente al cuarto trimestre del 2004 respecto de:
2. Las cifras del desempleo en el conurbano bonaerense y principales ciudades del país, a los fines de establecer una relación dinámica entre los índices de pobreza e indigencia y los porcentajes de ocupación y desocupación.

1. Incidencia de la pobreza e indigencia.
Citamos:

¿Qué se entiende por línea de indigencia? El concepto de "línea de indigencia" (LI) procura establecer si los hogares cuentan con ingresos suficientes como para cubrir una canasta de alimentos, capaz de satisfacer un umbral mínimo de necesidades energéticas y proteicas. De esta manera, los hogares que no superan ese umbral, o línea, son considerados indigentes. El procedimiento parte de utilizar una canasta básica de alimentos de costo mínimo (CBA) determinada en función de los hábitos de consumo de la población definida como población de referencia sobre la base de los resultados de la Encuesta de Gastos e Ingresos de los Hogares (para cada período) [...] Asimismo, el procedimiento en uso toma en cuenta los requerimientos normativos kilocalóricos y proteicos imprescindibles para esa población (según "canasta básica de alimentos del adulto equivalente". Una vez establecidos los componentes de la CBA se los valoriza con los precios relevados por el índice de Precios de Consumidor (IPC) para cada período de medición. Dado que los requerimientos nutricionales son diferentes según la edad, el sexo y la actividad de las personas, es necesario hacer una adecuación que refleje las características de cada individuo en relación con esas variables, para lo cual se toma como unidad de referencia al varón adulto, de 30 a 59 años, con actividad moderada. A esta unidad de referencia se la denomina "adulto equivalente y se le asigna un valor igual a uno".

INDEC, Ministerio de Economía,
Secretaría de Política Económica,
Instituto Nacional de Estadísticas y Censos.

Aglomerado Gran Buenos Aires

Período	Línea de pobreza	Línea de indigencia	Hogares Personas	Hogares Personas
Mayo 2000	21, 1%	29,7%	5,3%	7,5%
Octubre 2000	20,8%	28,9%	5,6%	7,7%
Mayo 2001	23,5%	32,7%	7,4%	10,3%

Estos porcentajes, aplicados a la población estudiada, significan que, para mayo de 2001, se encuentra por debajo de la línea de la pobreza un conjunto de 838 mil hogares, el cual incluye 3,959 millones de personas.
En ese conjunto, 264 mil hogares se encuentran, a su vez, bajo la línea de la indigencia, lo que supone 1,247 millones de personas indigentes.

INDEC.

2. Las cifras del desempleo.

Los datos oficiales del último trimestre del 2004 arrojaron una menor creación de empleo para el conurbano bonaerense que para el resto del país. Estas cifras equivalen al 31,8% de la población activa (así 1,5 millón de personas) entre desocupados y subocupados. "Uno de cada tres trabajadoros no tiene trabajo o trabaja, contra su voluntad, pocas horas". El porcentaje señalado en el Gran Buenos Aires (GBA) equivale a 680.000 personas desocupadas. Estas cifras no incluyen a los beneficiarios de los planes sociales que en la estadística oficial figuran como ocupados.
Estos datos prefiguran una tendencia y una diferencia: la que se estima entre las cifras de recuperación económica y la generación de empleo. En términos comparativos, estas cifras marcan las dificultades para generar puestos de trabajo en los grandes centros urbanos del país.

Principales ciudades

Zonas	Desocupación	Subocupación	Total
Conurbano	14,8%	17,0%	31,8%
Rosario	14,4%	9,2%	23,6%
Córdoba	11,5%	15,5%	27,0%
Mar del Plata	13,5%	15,8%	29,3%
La Plata	10,9%	15,4%	26,3%
Tucumán	11,4%	16,8%	28,2%
Promedio	12,1%	14,3%	26,4%

Éstas valoraciones, de carácter aproximativo a nuestra problemática de análisis, debemos considerarlas en relación con los datos aportados en la sección: "Impacto social de la propuesta accesible", específicamente los apartados 6-4 y 6-5 sobre la Encuesta Nacional de Discapacidad (Endi).

De allí tomaremos la repercusión que las posibilidades de acceso al trabajo y a los ingresos guarda con las condiciones de habitabilidad y salubridad de los espacios urbanos. Esta es una consideración indesligable a la problemática de la accesibilidad desde el punto de vista de la mirada social, el espacio físico y el espacio accesible (sección: "Diseño y diseño universal: Algunas conclusiones").

Al respecto, podríamos corroborar la siguiente deriva ligada a la pretensión de una intervención accesible, si no se contemplan los aspectos estructurantes y dinámicos de una comunidad de intereses:

Pobreza e indigencia

Subocupación y desocupación

Insalubridad e inhabitabilidad

Espacio inaccesible e intervenciones sociales desvirtuadas

Recurso financiero y recurso humano desperdiciado

Productores de discapacidad

Esto potencia los factores de riesgo y reaviva la espiral interminable de los flujos ligados a la violencia y sus modos de producción físicos, sociales y simbólicos.

OTRAS ARQUITECTURAS: ESPACIOS HIPERBÓLICOS DE ESCHER

Las ciudades invisibles de Ítalo Calvino

En el devaneo de esos espacios imposibles aparecen dos constructos de extraña y fina belleza: la propuesta matemática de Escher y sus dibujos de espacios hiperbólicos, la propuesta literaria de ciudades fugaces y nombres femeninos, alma mundana, recóndita, tal vez imaginarias, de Ítalo Calvino en *Las ciudades invisibles.*[35]

La propuesta de Escher estetiza los aportes de la topología matemática y propone litografías exhaustivas donde la banda de Möbius extendida es una constante. Así sus "metamorfosis", mosaicos y transformaciones de mutua implicación sin fin, proponen escuetos rizomas que por una parte pueden ser considerados como formalizaciones matemáticas y, por otra parte, expresión de cierta punción a los horrores de transformación social que arrecian sobre los espacios urbanísticos del siglo XX. Escher ya no nos propone el laberinto milenario ni el acertijo de resolución material y racional, tampoco el espejo del que la fantasía de Carroll "a través" (*Alicia a través del espejo*) es apenas el comienzo, sino la hipérbole (considerar la litografía *Cubo con cintas mágicas*, 1957).

Por su parte, *Las ciudades invisibles* de Ítalo Calvino son ensoñaciones ligadas a ese amor inmarcesible donde las mujeres (ciudades pululan, trasuntan, respiran y acechan, y son también la aparición de Medusa, o por decirlo mejor: sus sueños y sus señuelos). Estas ciudades son tanto las ciudades remotas como las pesadillas actuales.

¿Qué relación puede ocuparnos entre las representaciones de Escher y las de Calvino? ¿Qué relación entre, para tomar sólo unos ejemplos: *Relatividad* (1953), *Cóncavo y convexo* (1955), *Subiendo y bajando* (1960) o *Cascada* (1961) de Escher, y *Las ciudades continuas 1, 2, 3, 4, 5* del texto de Calvino? Los entrecruzamientos son múltiples y hacen recordar algunos de los puntos de debate insolubles del urbanismo.

Al respecto, dejaremos dos referencias entrecruzadas, deriva y panorama: en el libro de Lewis Munford *La ciudad en la historia*, hay a disposición dos ejemplos emblemáticos de ciudad inaccesible, bajo los títulos: *47, Devastación* y *48, Los traga espacio* (Tomo II, pág. 797). Una versión vernácula e igualmente desopilante de utopía urbana y delirio contrapuntístico puede hallarse en el "Proyecto orgánico para la Urbanización del Municipio. El plan regulador y de reforma para la Capital Federal. 1925", especialmente en la "refundación" de la Plaza de Mayo.

Ésta es sólo una pequeña provocación, un disparador, también un contrapunto. A continuación, algunas citas de los textos referidos de *Las ciudades invisibles*.

La ciudad de Leonia se rehace a sí misma todos los días [...] En los umbrales, envueltos en tersas bolsas de plástico, los restos de la Leonia de ayer esperan el carro del basurero [...] más que por las cosas que cada día se fabrican venden compran, la opulencia de Leonia se mide por las cosas que cada día se tiran para ceder lugar a las nuevas [...] Dónde llevan cada día su carga los basureros nadie se lo pregunta: fuera de la ciudad, claro; pero de año en año la ciudad se expande; la impotencia de los desperdicios aumenta y las pilas se levantan, se estratifican, se despliegan en un perímetro cada vez más vasto [...] Es una fortaleza de desperdicios indestructibles la que circunda Leonia [...] El resultado es éste: que cuantas más cosas expele Leonia, más acumula [...] La basura de Leonia poco a poco invadiría el mundo si en el desmesurado basurero no estuvieran presionando, más allá de la cresta extrema, basurales de otras ciudades que también rechazan lejos de sí montañas de desechos [...] tal vez el mundo entero está cubierto de cráteres de basura, cada uno, en el centro, con una metrópoli en erupción ininterrumpida [...]

Si al tocar tierra en Trude no hubiese leído el nombre de la ciudad escrito en grandes letras, hubiera creído llegar al mismo aeropuerto del que partiera [...] Por qué venir a Trude? Me preguntaba. Y ya quería irme [...] —Puedes remontar vuelo cuando quieras —me dijeron, pero llegarás a otra Trude, igual punto por punto; el mundo está cubierto de una única Trude que no comienza y no termina, cambia sólo el nombre del aeropuerto [...]

Cada año en mis viajes hago alto en Procopio [...] Desde la primera vez me he detenido a contemplar el paisaje que se ve corriendo la cortina de la ventana: un foso, un puente...un campo de maíz, una zarzamora, un gallinero, un lomo de colina amarillo [...] Estoy seguro de que la primera vez no se veía a nadie; fue sólo al año siguiente [...] pude distinguir una cara redonda y chata que mordisqueaba una mazorca [...] Cada año, apenas entraba en la habitación, levantaba la cortina y contaba algunas caras más [...] Pronto vi todo el puente lleno de tipos de cara redonda, en cuclillas porque ya no tenían más lugar donde moverse; desgranaban las mazorcas, después roían las raspas. Así un año tras otro he visto desaparecer el foso, el árbol, el serbo, ocultos por setos de sonrisas tranquilas [...] No se puede creer, en un espacio reducido como aquel campito de maíz, cuánta gente puede haber, sobre todo si se sientan abrazándose las rodillas, quietos [...] Este año, por fin, al levantar la cortina, la ventana encuadra sólo una extensión de caras [...] redondas, quietas, chatas chatas [...] hasta el cielo ha desaparecido. Da lo mismo que me aleje de la ventana [...] No es que los movimientos me sean fáciles. En mi cuarto nos alojamos veintiséis: para mover los pies tengo que molestar a los que se acurrucan en el suelo, me abro paso entre las rodillas de los que están sentados en el arcón y los codos de los que se turnan para apoyarse en la cama: todas personas amables, por suerte.

[...] En las calles de Cecilia, ciudad ilustre, encontré una vez a un cabrero que empujaba rozando las paredes un rebaño tintineante [...] —compadéceme —repuso—, soy un pastor trashumante [...] las ciudades para mí no tienen nombre; son lugares son hojas que separan un pastizal de otro [...] —al contrario que tú —afirmé—, yo reconozco sólo las ciudades y no distingo lo que está afuera [...] Muchos años pasaron desde entonces: he conocido muchas ciudades más [...] Un día caminaba entre ángulos de casas todos iguales: me había perdido.

Pregunté a un transeúnte: —que los inmortales te protejan, sabes decirme ¿dónde nos encontramos? —¡en Cecilia, y así no fuera! —me respondió. Hace tanto que caminamos por sus calles, yo y las cabras, y no conseguimos salir [...] Lo reconocí: era el pastor de aquella vez. Lo seguían una pocas cabras peladas, que ya ni siquiera hedían, tan reducidas estaban a la piel y a los huesos. Mascaban papeles sucios en los cubos de desperdicios [...] —también yo, no sé cuando, entré en una ciudad y desde entonces sigo metido en sus calles [...] —los lugares se han mezclado —dijo el cabrero—, Cecilia está en todas partes; aquí en un tiempo ha de haberse encontrado el Prado de la Salvia Baja. Mis cabras reconocen las hierbas de la plazoleta.

Para hablarte de Pentesilea tendría que empezar por describirte la entrada en la ciudad [...] hasta que no has llegado estás afuera; pasas debajo de una arquivolta y te encuentras dentro de la ciudad; su espesor compacto te circunda; tallado en su piedra hay un dibujo que se te revelará si sigues su trazado todo en espigas [...] Si crees esto, te equivocas: en Pentesilea es distinto. Hace horas que avanzas y no ves claro si estás ya en medio de la ciudad o todavía afuera [...] La gente que uno encuentra, si les preguntas: —¿Para Pentesilea? —hacen un gesto circular que no sabes si quiere decir: "Aquí", o bien: "Más allá", o "Doblando", o si no: "Del lado opuesto". —La ciudad —insistes en preguntar. —Nosotros venimos a trabajar aquí por las mañanas —te responden algunos, y otros. —Nosotros volvemos aquí a dormir. —¿Pero la ciudad donde se vive? —preguntas—. Ha de ser —dicen— por allá —y algunos alzan el brazo oblicuamente hacia una concreción de poliedros opacos, en el horizonte, mientras otros indican a tus espaldas el espectro de otras cúspides. —Entonces, la he pasado sin darme cuenta? —No, prueba a seguir adelante. Así continúas, pasando de una periferia a otra, y llega la hora de marcharse de Pentesilea. Preguntas por la calle para salir de la ciudad, recorres el desgranarse de los suburbios [...] si Pentesilea es sólo periferia de sí misma [...] La pregunta que ahora comienza a rodar en tu cabeza es más angustiosa: fuera de Pentesilea ¿existe un afuera? O ¿por más que te alejes de la ciudad no haces sino pasar de un limbo a otro y no consigues salir de ella?

CALVINO, Ítalo. *Las ciudades continuas.*

LA ARQUITECTURA FUTURISTA

Dinámica sin velo a los horrores

Los manifiestos y textos futuristas acompañan las contradicciones del nacimiento del siglo XX en la "vieja Europa" respecto de una tensión inevitable entre tradición y movimiento, monarquías y presión de la burguesía próspera en la constitución de los estados modernos. Si bien en este clima se construye la idea misma de frontera (en su carácter múltiple, disruptor y también acumulativo) y las profanaciones consecuentes, que en un punto estaban a un paso de provocar una de las guerras más atroces para la economía de los cuerpos (comienzan a experimentarse las armas químicas) en una mueva línea de montaje que administra y, productora de hacinamiento: la trinchera ilimitada.

Este procedimiento de contención y acumulación (ya que tiene la pretensión de constituirse en universo cerrado), lineal y panorámico a un tiempo, provoca repercusiones inmediatas en las relaciones de los cuerpos con el espacio y con la actualidad de ese espacio. Cuando Marinetti, en el *Primer Manifiesto Futurista* de 1909, afirma que "un automóvil de carrera es más hermoso que la Victoria de Samotracia", pone en evidencia que la historia de esta discrepancia no volvería a encontrar reposo. Por otra parte, tiene un antecedente en el texto "Destrucción", que publica en el año 1904. Esta afirmación, de posible valor para el campo de la estética, no deja de resultar problemática en el plano de las políticas respecto de cómo situar allí la expansión megalómana de la territorialidad de esta idea y la inherencia simbólica de este nuevo aventón alado y maquínico.

No puede extrañarnos que en su casa de Milán se fundara la segunda asociación de los "Arditi", grupos paramilitares fascistas (1919), si bien estas relaciones avasallantes entre progreso y políticas reaccionarias fascistas, lo llevara dentro y fuera del partido alternativamente.

Esta dinámica, con múltiples entrecruzamientos en la producción de subjetividad, aboga en dos principios igualmente opresivos, aberrantes, imperiales:

1. **Arrasar**, destruir no destituir, todo registro pasado, todo atisbo que será juzgado anacronismo, toda diferencia, toda serie.
2. **Lo utilitario** es lo determinante en la relación entre función y forma, "lo utilitario desnudo", así como el ejercicio delirante, pedestre y tal vez pederasta del Ducce desnudo, al que le tiran las ninfas para que las fertilice, gráciles muchachas italianas para purificar la estirpe, mientras él hace sus ejercicios matinales.

En este sentido, el manifiesto futurista es funcional a las políticas y al fortalecimiento de los estados terroristas y de cualquiera artefacto de avasallamiento.

Un progreso ilimitado

En esta dirección, la serie es consistente: *La guerra, única higiene del mundo* (1915), *Futurismo y fascismo* (1924), *Estética futurista de la guerra* (1935), *La guerra eléctrica* y *Canto heroico y máquina de la guerra mussoliniana* (1942). De *La guerra eléctrica*, su final estruendoso da muestras de la pretensión ilimitada de ascenso sin caída, sin tropiezo, hecho de la entropía generada en su propio movimiento sin fin, un movimiento viril y fundamentalista del cual la imagen del Ducce sostenía su fascinación:

> Con nosotros comienza la huelga tumultuaria de los jóvenes sepultureros. ¡Fuera las tumbas! ¡Dejemos que los cadáveres se entierren solos y entremos alegremente en la gran ciudad futurista que enfila su formidable batería de chimeneas de fábricas frente al sitiador ejército de muertos, camino de la Vía Láctea!

El futurismo es la proposición estética y política de un progreso ilimitado encarnado en la dinámica de una lógica de masas que no es excluyente de la institución de un César.

Para que esta imagen sea "perceptible" deberá reunir algunas características que bien podríamos encuadrar en la planificación de propaganda política y en la persecución a toda diferencia al régimen. En *La cinematografía futurista*, texto conjunto publicado en 1916, expresan:

> El libro, estático compañero de los sedentarios, de los nostálgicos y de los neutralistas, no puede divertir ni exaltar a las nuevas generaciones futuristas ebrias de dinamismo revolucionario y belicoso.

> El cinematógrafo futurista agudizará, desarrollará la sensibilidad, acelerará la imaginación creadora, dará a la inteligencia un prodigioso sentido de simultaneidad y de omnipresencia.

Simultaneidad y omnipresencia, dos características del nuevo bólido rumbo a los colapsos totalizantes, galácticos y persecutorios.

Otro aspecto, el de los campos semánticos, podría ubicar el trío futurista en cuestión entre la profanación de la máquina, el imperio de la electricidad y la pureza arrasadora de la velocidad, regidos por los dos principios antes descriptos: simultaneidad y omnipresencia.

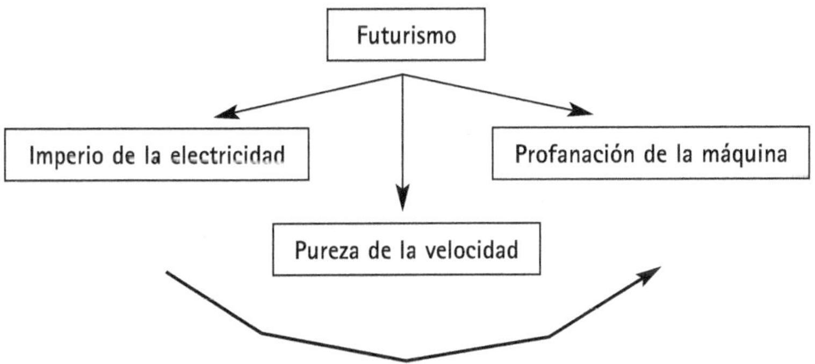

Ciudad futurista y carácter aéreo

Una cuestión imprescindible se plantea en los principios de la planificación urbana a partir de lo expuesto: el entrecruzamiento de estos factores, indispensables para la ciudad futurista, y su carácter aéreo.

El avión, el aeroplano, es tal vez el aporte más extraordinario ya que permite "de manera instantánea" el cambio de punto de vista (a vuelo de pájaro), por una parte, y da brillo al carácter faraónico de la empresa que se plantea nacional.

El artículo de Marinetti *La arquitectura futurista* (1914) comienza de este modo rotundo: "A partir del siglo XVII la arquitectura no existe". Allí el anuncio avanza sobre consideraciones indudables para Marinetti sobre cotidianeidad, ligereza del estilo y cuestiones higienistas que preocupan al hombre futurista:

> El caleidoscópico aparecer y reaparecer de formas, el multiplicarse de las máquinas, el incremento cotidiano de las necesidades impuestas por la rapidez de las comunicaciones, por la aglomeración de la humanidad, por la higiene y por cientos de otros fenómenos de la vida moderna [...] como si nosotros, acumuladores y generadores de movimientos con nuestras prolongaciones mecánicas, con el ruido y la velocidad de nuestra vida,

pudiésemos vivir en las mismas calles construidas de acuerdo a sus necesidades, por hombres de hace 4, 5 ó 6 siglos.

Estas consideraciones resultan fundamentales para definir la próxima instancia habitable: la casa futurista.

> [...] crear la casa futurista desde los cimientos, construirla con todos los recursos de la ciencia y la técnica [...], pisoteando todo lo que es grotesco y antitético para nosotros (tradición, estilo, estética, proporción), [...] Sentimos que ya no somos los hombres de las catedrales; de los palacios y las tribunas, sino de los grandes hoteles, de las estaciones de ferrocarril, de las inmensas carreteras, de los puertos colosales, de los mercados cubiertos, de los túneles iluminados, de los rectilíneos, de los derribos saludables [...] y la casa futurista parecida a una gigantesca máquina.

El epíteto resulta igualmente majestuoso y tal vez premonitorio: "las cosas durarán menos que nosotros. Cada ciudad deberá construir su ciudad".
Pero, para esta planificación totalizante y radical se requerirá de una mirada privilegiada, una mirada también "veloz y ágil", una mirada omnisciente que hace sospechar que los manifiestos futuristas plagados de referencias gráciles, etéreas y voluptuosas (incluso en su propuesta estética de la destrucción y renovación permanentes) soportan una fundamentación inmutable, demasiado espesa, de una opacidad asfixiante, finalmente de un tradicionalismo exhaustivo que hace sospechar de su rígida formación ligada a la retórica de la derecha más conservadora. Algunos títulos resultan más que ostensibles: *El aeroplano del Papa* (1914), *Esplendor geométrico y mecánico y la sensibilidad numérica* (en un título que hace sospechar que la mecánica que está en juego es cierta mecánica celeste precopernicana, 1914), *Sant Elia, la arquitectura futurista* (1914), *Primer diccionario aéreo* (1929), *Manifiesto de la aeropintura* (1929), *Manifiesto de la aeropoesía* (1931).
En el texto dedicado a la arquitectura aérea y futurista, del año 1934, escribe:

[...] hoy se añade un factor importante: la aviación [...] El urbanismo de Sant Elia, alimentándose de un ruralismo acelerado, de aeropoesía, aeropintura y aeroescultura, crea la Ciudad Única de líneas continuas que deben contemplarse desde el cielo.

Esta obsesiva proposición de renovación ilimitada resulta fundamental ya que tanto "las ciudades del pasado" como "las ciudades nuevas o renovadas" proponen un modo de vida:

Antiespiritual, antihigiénico y antipráctico. Antiguas, nuevas o renovadas, estas ciudades están, todas ellas, indefensas, y pueden ser destruidas por el capricho de una brigada enemiga [...] Todas son antideportivas, porque comprimen de manera ridícula al hombre en la masa sedentaria de los espectadores, en lugar de mejorar su agilidad y sus cualidades deportivas.

La propuesta urbanística llega aún más lejos:

Por razones estéticas y para armonizar cada vez más empáticamente la vida de la tierra con la vida del cielo, los puertos marítimos y de hidroaviones ya no tendrán inmóviles acantilados, sino móviles muelles de acero que ofrecerán abrigo a los hidroaviones desde cualquier dirección y ordenarán plásticamente las largas hileras de olas cruzadas por la blancura de las gaviotas en vuelo, los irisados nimbos de espuma levantados en los despegues y las cascadas de diamantes que embellecen los amarajes sobre el verde intenso de las profundidades marinas.

En las más altas terrazas radiaciones eléctricas y electromagnéticas disiparán las nubes y la niebla, o las plasmarán y las colorearan con elegancia. Las aeropistas y sus urbanizaciones de reportaje [...] eliminarán también todo regionalismo, chovinismo y ruralismo, y brindarán a Italia una ciudad única de líneas continuas de velocidad, salud y placer de vivir [...]. Las aeropistas estarán preferentemente pintadas en un resplandeciente color oro, optimista e imperial, para que, desde el cielo, parezcan las estelas dejadas por el sol en un océano en el que el aire azul se mezcla con el suave verde terrestre. Volando de noche, con los soles apagados, las tendremos debajo de nosotros como relucientes vías lácteas sembradas de las estrellas creadas por la quieta explosión de las letras resplandecientes de esta palabra que abarca de los Alpes hasta Mogadiscio: Italia.

Curioso ejemplo de megalomanía utópica este manifiesto fascista sobre una arquitectura nacional y aérea como sucedáneo de una mirada unificante y omnisciente, plena conciencia de los alcances del régimen a cualquier resquicio de la pretendida geografía imperial.

En lo que respecta a los aspectos ligados a los factores accesibles de una propuesta y una intervención urbanística, vale aquí entonces la distinción entre utopías megalómanas y utopías en producción. Las primeras, donde "las dimensiones del yo adquieren las del mundo", destinadas a construir una metáfora delirante, un lenguaje fundamental, que puede transformarse en hito en un determinado pestañeo de la historia material, pero no hay allí relevo por su carácter de signo. Las segundas aspiran a producir una subversión, y no una consolidación del signo en su avatar último, y pueden dar paso a un acto, la creación de un/unos objetos. Prima aquí, en cambio, un procedimiento de desplazamiento y producción de un espacio simbólico.

VIÑETAS INACCESIBLES

El humor gráfico, la historieta, la viñeta, los modos expresivos ligados al dibujo y la situación dramática y cinética así resuelta, han sido desde siempre un vehículo discursivo de la compleja trama de una cultura y su estado actual, un profundo analizador de los modos de relación sociales y un catalizador de las más sublimes fantasías y los horrores inconfesables. Desde la picaresca expuesta en los grafittis pompeyanos hasta la Mafalda transversal de inspiración inmarcesible, el Quino universal que sigue escribiendo nuestra época, tal vez inventándonos; desde la mirada profética de *El Eternauta* de Oesterheld y Solano López que sitúa como nunca antes los horrores por venir en la Buenos Aires que será devastada por "el mal sin rostro, el mal en estado puro", hasta la paródica *La Nelly de Langer*, *extraordinaria crítica social sobre lo "actual argentino" y sus consideraciones, dando consistencia a todo modo de consumo represivo proveniente del "estado de bienestar", especie de escoriación descerebrada de estos últimos 30 años que habla de un modo automático y da en el blanco en esa pretensión de la "clase media argentina" de perseverar en un estatus quo funcional al poder.*

Vaya aquí esta modesta muestra, este pequeño homenaje crítico, esta aproximación, esta punta de madeja a seguir desenrrollando.

Comentario a las Viñetas Inaccesibles

Viñeta Nº 1: Noche de gloria. La primera viñeta propone una posible secuencia de la infinitización del obstáculo, de tal manera que lo cotidiano, en este caso las condiciones accesibles desde el punto de vista físico, para alcanzar el sitio donde se propone el esparcimiento: "La Gloria", se vuelve metáfora de cómo el obstáculo amplificado hace de lo cotidiano y sus usos una cuestión excepcional, fuera de escala antropométrica.

La silla de ruedas, signo de cautividad y factor esforzante, en el cúmulo de estos tránsitos y trasvasamientos por superficies y accidentes de la geografía del recorrido, no alcanza el fenómeno, no da en el blanco, no llega al destino propuesto, se detiene.

Representa también la imagen del pasajero atrapado en las barricadas de los medios de transporte urbano.

Viñeta Nº 2: Justicia divina. Más allá de los dispositivos de señalización y distribución de flujos urbanos (como son, por ejemplo, los semáforos y las sendas peatonales), se produce una disrupción en la accesibilidad respecto de la temporalidad que impone la ciudad al transeúnte. Una vorágine temporal (que en el caso de la viñeta termina en un colapso) y, una enajenación que transforma la experiencia urbana en una situación de alerta ligada al ritmo de la máquina (el automóvil en este caso) y no de esas personas y su escala espacio temporal, el ritmo propuesto por el caminar.

Referencia, por otra parte, del marco jurídico avasallado, enclenque y/o inexistente.

En otro plano, hay una discapacidad en juego, una minusvalía visual (permanente o temporaria), un no vidente que carece de la adecuación sonora en el semáforo para procurarse el cruce de la avenida. Ese destiempo radical, sin embargo, bien podría resolverse en otro plano: el de la participación mancomunada de los otros transeúntes, cosa que en este caso, como vemos no ocurre.

Viñeta N° 3: Tengo ritmo. Despliega la cuestión de las barreras de comportamiento y las barreras físicas. La primera graficada en el peatón participante, obstaculizado por el uso del *walkman*; la segunda, expresada en la infraestructura orientadora, representada en las señalizaciones caídas (la información visual), deterioradas, fuera de toda posibilidad de uso funcional.

El desenlace está a la vista: una progresión geométrica de los factores de riesgo, directamente proporcional a la ausencia de referencias.

Viñeta Nº 4: Quo Vadis. Plantea la problemática del código lingüístico y social (uno de los pilares sobre el que se asienta el código urbanístico), de su fragmentación inequívoca, del fenómeno de desmantelamiento que provoca en la ciudad, de la desorientación y disociación de sus habitantes.

Instaura una lógica y una dinámica paradójica, finalmente paralizante.

La desorientación y la frustración de quien ha llegado a ningún lugar: por inadecuación en el uso, por exclusión de los mecanismos de integración y participación, porque la lectura y apropiación de la ciudad quedan fuera de posibilidad.

Viñeta Nº 5: Hogar dulce hogar. Alegoría del valor de uso de los recursos, las herramientas y las estructuras de un predio urbano. El encuentro que anhela el viajero, la llegada al hogar (como representación y complejo simbólico) no deja lugar más que para su estupor.
El uso y la referencia ligada al sitio han desaparecido, se encuentran transfiguradas, giradas, sin posibilidad de decodificación.
El panorama es otro: extrañamente familiar deja las trazas reverentes, pero, vaciadas de funcionalidad, una fachada que no se pone en relación con el habitante más que para confirmar la huella ausente.

POSIBLE DISEÑO DE ENCUESTA

Dejamos a consideración un posible diseño de encuesta para la ciudad, considerando, en sus aspectos normativos, dos grandes grupos de requerimientos específicos en la planificación del espacio accesible, la accesibilidad física y el concepto de barreras (arquitectónicas, en la comunicación, en el transporte, físicas, urbanísticas):

Ejes centrados en los dispositivos:

Motores	Sensoriales
• Espacio físico: táctiles.	Espacio simbólico: mirada.
• Espacio físico: kinéticas.	Espacio sonoro: sonidos-ruido-secuencia.
	Esquema espacio temporal: olfativos.

El espacio accesible es en su horizonte diseñable a partir de estos dos vectores de análisis y recolección de datos y muestreo estadístico. El agrupamiento "motores y sensoriales" es entonces la pretensión de construcción de un espacio físico único, libre de barreras, dinámico, factible (en la prevalencia de dispositivos de intervención) y referencialmente (en lo que concierne a su fundamentación) utópico.

Para evaluar la relación entre esparcimiento y accesibilidad, proponemos realizar un muestreo diferenciado entre "días laborables" y "días no laborables", lo que permitirá además realizar un análisis de los flujos y densidades concomitantes (cantidad de población en circulación, modalidad de dicha circulación, direccionalidad de los flujos, disquisición de categorías por grupos etarios, por actividad, por sector socioeconómico, por referencias culturales y/o sociales). Proponemos definir tres sectores para realizar la muestra y definir las características de la muestra:

a. **Afuera:** aglomeramientos urbanos: **lugares de esparcimiento públicos.**

b. **Afuera: ciudad: lugares de tránsito,** calles, vía pública

c. Adentro:

> **c.1. Estar** de teatros y cines, confiterías, restaurantes y otros ámbitos **de circulación semipúblicos.**
>
> **c.2.** Colectivos, trenes, **transporte público de pasajeros.**

Días laborables	Afuera: lugares de esparcimiento públicos
	Afuera: lugares de tránsito
Días no laborables	Adentro: 1. Lugares de estar
	2. Transporte público de pasajeros

El texto de la encuesta debe ser breve, directo, en lo posible lúdico y permitir la visualización e intercambio con el encuestado. A modo aproximativo, puede constar de las siguientes preguntas o estilos de pregunta:

1. Defina esta ciudad con una de las siguientes opciones:
   a. Ordenada.
   b. Estratificada.
   c. Estallada.
   d. Sinuosa.
   e. Calcificada.

Cada opción propuesta, en lo posible propone una referencia lingüística con valor connotativo, analizada en su aspecto estructural y diferencial.
Se propondrán categorías de valor de significación abstracto para no contaminar la muestra con modos valorativos que pudieran hacerse corresponder a usos dialógicos en curso (o en sus reminiscencias), campañas, publicidades, programas asistenciales u otros en el ámbito municipal y/o nacional, o en códigos o leyes existentes.

2. ¿Cómo (de qué modo) preferiría recorrerla?
3. ¿Cómo elegiría salir de ella?

Respecto del estilo y fundamentación de estas preguntas, damos a continuación una posible referencia analítica:

a. In situ, lo actual de la representación. Proyección psíquica de una superficie topográfica ("agenciamiento colectivo").
b. Recorrido de la pulsión. Procesos de territorialización ligados al objeto y al objeto ideal.
c. Fantasías subyacentes infantiles ligadas a las vivencias traumáticas y sus mecanismos defensivos.

LA ACCESIBILIDAD Y SUS PRINCIPIOS. PRINCIPIOS DEL DISEÑO UNIVERSAL

Existen respecto del diseño y de las intervenciones urbanísticas, tanto para los espacios públicos como en las recomendaciones que se realizan para los espacios privados, una serie de principios que se postulan como norma o eje de intervención a tener en cuenta en cualquier intervención accesible. A esta serie se la denomina **Principios del Diseño Universal**, y de manera estimativa (con algunas diferencias de criterio) podemos agruparlos en siete áreas o ítems.

Fundamentalmente, el diseño universal considera los principios generales del diseño, los factores ambientales donde se realice la intervención, el perfil sociocultural, la inversión (y su respectiva planificación) y los posibles campos de aplicación. Dichos campos de incumbencia interesan tanto a la arquitectura, la ingeniería, los profesionales del diseño industrial o los profesionales de las ciencias humanas, como a las políticas de planificación urbana en las estrategias de crecimiento y desarrollo de una ciudad, comuna, región, provincia o nación, de acuerdo a la envergadura del programa de intervención.

Dichos principios, pergeñados para Estados Unidos y con alcance ideal para los modelos de los países centrales, del primer mundo, desarrollados o como quiera llamárseles, supone una preocupación por los obstáculos arquitectónicos y de diseño y por las barreras físicas con una exclusividad casi quirúrgica, respecto de otros factores que ya han sido desarrollados en el presente trabajo, pero que de todos modos podríamos enumerar en:

1. Aspectos de la función ligada a la subjetividad (y, por lo tanto, no universalizable, al menos no de un modo tan escueto).

2. Los emergentes actuales de una comunidad (analizables en el aquí y ahora de la trama social y no con una actitud reglamentaria) lo que daría como resultado el "estilo", la marca del tipo de intervención específica.

3. La prospectiva de los objetos de uso ligados a su historia, es decir, a partir del modo particular de interrelación de la función y la forma en el campo social de esa comunidad, a través de los usos y a partir de la construcción de los planos de significación. "Deshojar" esos sutiles sedimentos puede aportar información preciosa en la resolución de problemas de diseño y planificación específicos, como así también de accesibilidad, y producir aportes genuinos. En sí mismo este interrogar el objeto puede transformarse en una disciplina de abordaje y en una aportación teórica que haga "dialogar la ciudad", trabajo de investigación y práctica de la heterogénea.

Sin embargo, en la presunción sin mácula de este pretendido mundo "universal" que funciona con mecanismo de relojería, en su aspecto más fáctico y lisonjero, sin conflicto aparente más que en la cuestión de "producir para todos", los principios del diseño universal o diseño para todos arrojan su fastuosa facticidad que bien podríamos considerar como guía, divertimento o futuro código. Pero tengamos en cuenta que el entrecruzamiento con las "insondables profundidades del alma" son estas cosas y, además, otras cosas, lo social parece extender sus alcances hacia el plano exacerbado de la forma y la función y allí surca siempre algo singular ligado a la invención. Digamos de algún modo, para rebatir la empiria tangencial de este o cualquier otro diseño universal, que no se trata de consolidar sólo lo útil y oportuno sino de analizar la insistencia de lo inútil y ese modo de fragmentación vital ligado a toda respiración, todo ritmo y toda animación en la cultura.

A continuación dejamos a consideración algunos fundamentos de los Principios del Diseño Universal, versión basada en la información disponible del Centro para el Diseño Universal (Center for Universal Design):

1. Uso equiparable.
2. Uso flexible.
3. Simple e intuitivo.
4. Información perceptible.
5. Debe minimizar los riesgos.
6. Debe exigir poco esfuerzo físico.
7. Tamaño y espacio físico para el acceso y el uso.

1. Uso equiparable: El diseño es útil y abordable para personas con diversas capacidades.

- Para todos los usuarios tendrá que proveer las mismas maneras de uso: idénticas cuando es posible, equivalentes cuando no sea posible.
- Tiene que evitar la estigmatización o segregación de cualquier usuario.
- El diseño tiene que resultar atractivo, no sólo útil.
- Las características de privacidad y seguridad deben estar disponibles para cualquier usuario.

2. Uso flexible: El diseño tendrá que acomodarse a un amplio rango de preferencias y habilidades individuales.

- Tiene que ofrecer posibilidades de elección en los métodos de uso.
- La manipulación tiene que ofrecer la posibilidad de acceder tanto con la mano derecha como con la mano izquierda.
- La facilidad de uso tiene que permitir también exactitud y precisión operativa.
- Tiene que adecuarse al ritmo del usuario.

3. Simple e intuitivo: El uso tiene que ser fácil de entender y decodificar, debe atender a la experiencia, habilidades y conocimientos del usuario.

- Tiene que eliminar toda complejidad innecesaria. Frente a un problema complejo, máxima accesibilidad.

- Tiene que acomodarse a un amplio espectro de habilidades lingüísticas.
- La información que ofrezca tiene que estar presentada de acuerdo a su importancia.
- El método operativo que ofrezca debe ser eficaz antes, durante y después de la tarea.

4. Información perceptible: El diseño tiene que comunicar de manera eficaz la información necesaria para el usuario, así como atender a las condiciones ambientales y a las capacidades sensoperceptivas del usuario en cuestlón.

- La información tiene que ofrecerse por distintos medios (gráfico, verbal, táctil, sonoro, etc.) y en todos los casos debe ser clara, decodificable para el usuario y no contradecirse, aunar con las otras.
- La información esencial debe estar ampliada.
- La información central de la periférica debe ofrecer contraste suficiente.
- Los elementos de información tienen que ofrecerse de modo que, a su vez, puedan ser descriptos y transmitidos.
- Tiene que ser compatible con otros dispositivos o técnicas usados por personas con alguna limitación sensoperceptiva.

5. Debe minimizar los riesgos: El diseño minimiza los riesgos y las consecuencias de acciones accidentales, negligentes o culposas.

- Tiene que disponer de los elementos necesarios para minimizar riesgos y errores, los más usados y los más accesibles, y en cambio eliminar los peligrosos, aislarlos o taparlos.
- Tiene que incluir advertencias sobre peligros y acciones accidentales.
- Tiene que incluir características seguras de interrupción.
- Tiene que incluir advertencias para desalentar acciones inseguras en tareas que requieran vigilancia o control.

6. Debe exigir poco esfuerzo físico: El diseño puede ser usado con un mínimo de fatiga, de manera eficaz y confortable.

- Permitir al usuario mantener una posición corporal neutra.
- Ofrecer al usuario las fuerzas necesarias para poder operar.

- Minimizar las acciones repetitivas que produzcan fatiga o caídas en la atención.
- Minimizar el esfuerzo físico continuado.

7. Tamaño y espacio físico para el acceso y el uso: Proporcionar un espacio y/o tiempo apropiado para el acceso, alcance, manipulación y uso, atendiendo al tamaño del cuerpo (la dimensión antropométrica para cada usuario), la postura y la movilidad del usuario.

- Tiene que proporcionar una línea de visión clara hacia los elementos importantes tanto para un usuario sentado como de pie.
- El alcance de cualquiera de los componentes requeridos tiene que ser confortable y accesible tanto para un usuario sentado o de pie.
- Tiene que acomodarse a las variaciones de tamaño de la manipulación u otras modalidades de agarre u operatoria.
- Tiene que proporcionar un espacio adecuado para una posible ayuda técnica o la asistencia personal.

En lo que a nosotros respecta, y considerando los aspectos prácticos que puedan aportar dichos principios, proponemos llegar a las consideraciones de diseño universal dentro de una sensibilidad integradora y un enfoque multicausal, considerando los principios y contenidos requeridos y antes expuestos.

- Se proporcionarán las especificaciones técnicas y elementos para la elaboración del espacio físico que responda a las necesidades de todo individuo que decida por sí mismo hacer uso de ese espacio.
- Se analizará su alcance y uso, determinando que todo uso se supone en un contexto de intercambio y/o producción (de objetos, recursos y/o saberes).
- Los factores humanos y requerimientos reguladores.
- Las políticas.
- Las miradas (el modo en que se producen y proponen sus fragmentaciones y facetados).
- Dar a conocer la importancia de la eliminación de barreras físicas, arquitectónicas, de transporte y comunicación para permitir el libre

acceso y uso a personas con discapacidad a todos los espacios (1). Dar incluso un estatuto de debate y circulación al concepto de barrera (2).

- Informar a la población en general acerca de los requerimientos de acceso y uso de todo espacio, ya sea exterior o interior; público o privado para las personas con discapacidad o capacidades reducidas. Sin este correlato del alcance de las intervenciones en la trama social, no habrá modo de minimizar los alcances de las barreras de comportamiento (1 y 2).

NOTAS

[35] CALVINO, Ítalo. *Le città invisibi.* Italia: Fantástico, 1972 [*Las ciudades invisibles.* Barcelona: Minotauro, 1983].

CAPÍTULO III

Criterios de accesibilidad sobre discapacidad

Víctor Sergent

LA AMERICAN WITH DISABILITIES ACT (ADA)

La ley que rige en los Estados Unidos sobre discapacidad y accesibilidad se denomina Americans With Disabilities Act (ADA). Las regulaciones que ésta provee consideran:

1. Los aspectos de asistencia técnica (ADA Technical Assistance) que comprende los aspectos formales, las regulaciones, los documentos sobre los estándares de diseño y los documentos técnicos sobre asistencia.
2. El acceso a los proyectos civiles y la resolución de los problemas comunes de accesibilidad en ciudades y condados.

Por otra parte, provee de una línea de información gratuita para obtener respuestas a las preguntas generales y técnicas, y para ordenar la asistencia técnica de materiales.

Las regulaciones de la ADA junto con la asistencia técnica de materiales es a su vez una vista detallada que considera los dictámenes del

Departamento de Justicia ADA y la configuración de los documentos de la asistencia técnica para emprendimientos, tanto al nivel de los estados como de los gobiernos locales, así como casos individuales con responsabilidades y derechos acordes con la ley. En todos estos aspectos se incluye la consideración de los estándares del ADA para el diseño accesible.

La ADA requiere a su vez de una certificación del Estado donde se realice la intervención y de los códigos locales de construcción. El Departamento está autorizado a certificar códigos de construcción que excedan los Estándares para el diseño accesible.

Por ejemplo, para la ciudad de Cleveland, perteneciente al Estado de Ohio (lugar donde actualmente desarrollo mi actividad profesional), las determinaciones preliminares de la ADA equivalen para el código de accesibilidad de Ohio.

Por otra parte, el Departamento de Justicia recibe y considera los comentarios escritos y el dominio de lo escuchado sobre las determinaciones preliminares de la equivalencia de la ADA para el código accesible de Ohio, así como las novedades o propuestas de regulación y la contemplación de un Programa de Mediación ADA. Esta particularidad rige para todos los estados de Estados Unidos.

Otros ítems sobre los que la ADA tiene incumbencia son:

- La difusión de los derechos de la discapacidad y de los derechos civiles de las personas.
- Rehabilitación: accesibilidad para personas con discapacidades, movilidad reducida y/o personas mayores. Al respecto se encuentran disponibles recomendaciones para que los gobiernos federales implementen la reglamentación vigente para este ítem y dispongan además de información técnica.
- Las consideraciones personales del trabajo a través de la Agencia Federal de Empleo de personas con discapacidades.
- Supervisar las políticas de privacidad de las personas con discapacidad e informar sobre las novedades de prensa del departamento de Justicia.

El Programa de Mediación

El Programa de Mediación, dependiente del Departamento de Justicia, fue inicialmente fundado por el Programa de Asistencia Técnica de la ADA, en el año 1994, y actualmente opera bajo contrato.

Algunas disputas pueden ser resueltas mediante métodos informales. De no resultar efectivos los usos alternativos en la resolución de las disputas, se incluye el programa de mediación.

La mediación puede resolver disputas sin el costo ni la tardanza de la investigación formal y la litigación.

Los procedimientos de mediación son confidenciales y voluntarios para todos los interesados. La mediación es típicamente una o más entradas entre las partes en disputa y el mediador. Puede haber también más sesiones confidenciales entre algunas de las partes y el mediador.

La mediación no es ni una terapia ni "un día en la corte". Los mediadores no son jueces, su rol es el de conducir el proceso entre cada una de las partes en conflicto, no el de decidir cómo un conflicto podría ser resuelto. Ellos están para hacer más transparente el proceso de mediación, facilitando la comunicación y manteniendo el equilibrio entre las partes.

La representación está permitida pero no requerida en la mediación; si la mediación no toma las advertencias legales o no interpreta la ley, las partes pueden referirse a una entidad externa e imparcial y a las ordenanzas comunitarias cuando los problemas o cuestiones necesiten clarificación. Si la mediación no produce un acuerdo y no pueden ser enriquecidos por ésta, las partes pueden utilizar todos los recursos legales que están regulados y son provistos por la ADA, incluyendo los derechos privados.

Quienes pueden mediar están comprendidos dentro de estos dos títulos: **Entidades Públicas (Título II) y Entidades Privadas (Título III).**

Esto incluye tanto la remoción de barreras físicas como el programa de accesibilidad, así como la modificación de pólizas y el efectivo control para que se produzca la mediación.

A través de este programa, el Departamento refiere apropiado el marco de la ADA para las disputas. Los mediadores del Departamento de Justicia son mediadores profesionales que cumplen con los requisitos legales impuestos por la ADA. La función del Departamento es la de resolver rápida y efectivamente cualquier disputa.

REMOCIÓN DE BARRERAS Y PROCEDIMIENTOS

Algunos ejemplos resueltos satisfactoriamente:

1. Un centro comercial de Ohio hizo remodelaciones para proveer un estacionamiento accesible hacia las salas de cine. Las salas de cine del establecimiento rotaban sus películas entre ellas para que todas las películas pudieran ser vistas en las salas accesibles (tres de las cinco disponibles). Las salas accesibles estaban provistas de símbolos accesibles y advertencias que podían ser vistas en cada uno de los cines accesibles.

2. Un hotel de Ohio acordó remodelar su ingreso para hacerlo accesible a las personas con discapacidades, así como ampliar el número de espacios accesibles de estacionamiento cerca de la piscina del hotel, instalando allí baños accesibles y personal entrenado para responder mejor a las necesidades de las personas con discapacidades. El hotel también se disculpó con el acompañante y la familia del demandante proveyéndolos de un pase libre para todos ellos en el hotel.

3. Un usuario en silla de ruedas de un restaurante en Ohio no tenía un sector accesible para fumadores, de tal modo que la representación del restaurante tuvo que crear otra sección fumadora que fuera accesible para las personas con discapacidades e instruir a su personal sobre esta nueva sección. El restaurante también consultó para hacer la barra accesible e hizo las modificaciones necesarias para que hubiera un espacio accesible de estacionamiento.

4. Una persona con una disminución visual compareció ante el Departamento de Justicia en busca de una mediación, porque entendió que un instituto educativo de la ciudad de Columbus no había realizado modificaciones razonables (adaptaciones) en los procedimientos y

prácticas para las personas con discapacidades, que tomaban los cursos. Además, demandó que el instituto tuviera una póliza de seguro para las personas con discapacidad basada en las generalizaciones sobre los riegos actuales. El instituto respondió agregando información en sus registros acerca de la oferta disponible de los contenidos en cintas de audio o en su servicio telefónico de información a los usuarios. La información también estuvo disponible para su distribución en cinta de audio e impresa, así como el instituto también agregó una póliza e hizo una consideración caso, por caso frente a las particularidades individuales de las personas con discapacidad. Del mismo modo se comprometió a asistir adecuadamente y a realizar todos los esfuerzos para atender, tanto en la clase como en la asistencia técnica, los requisitos propuestos por varias organizaciones de discapacidad, como a permitir que participaran en las clases para asistirlos en el futuro.

5. En un suburbio de la ciudad de Cleveland, a un usuario en silla de ruedas un restaurante le impidió entrar a su perro asistente. El propietario del restaurante debió disculparse y concordar la asistencia a un curso educativo decidido por la ADA. El acordó el contacto con otros profesionales en este campo (gastronomía) así como comunicar su experiencia y educarlos acerca de la ADA. El acordó hacer una donación a una organización de caridad para el servicio de animales.

INTEGRACIÓN Y ENTRENAMIENTO

Otras instituciones dedicadas a la accesibilidad y la discapacidad

El **Centro Nacional en Accesibilidad** ofrece la última información y apoyo tecnológico en la inclusión de personas con discapacidad en: recreación, turismo, parques, zoológicos, deportes, hotelería y zonas de descanso, museos, artes, parques temáticos. Su perfil está orientado a la constitución de programas y a las necesidades de planeamiento, diseño y servicios provenientes de todos los niveles. Formulado para la búsqueda de programas que mencionen estas dificultades, ocupándose de las cuestiones relativas al acceso psíquico.

Muchas organizaciones tienen preguntas acerca de cómo programar facilidades para la accesibilidad de las personas con discapacidades. Aún cuando mucha tecnología e información existe y se encuentra disponible, sólo se pueden implementar cuando las organizaciones conocen dónde y cómo implementarlas. El Centro Nacional en Accesibilidad ha dedicado una porción significativa de sus recursos y personal a examinar sistemáticamente muchas de las dificultades sin respuesta relativas a la discapacidad. Las búsquedas del centro intentan maximizar resultados y sumar expertos para colaborar con otras agencias y universidades. Algunos de los servicios ofrecidos comprenden:

- Proveer una mirada a través del programa y de la arquitectura accesible.
- Presentar el estado de métodos y técnicas para la interpretación accesible.
- Comprensión de los estándares accesibles y ejemplificación del diseño de métodos y técnicas.
- Proveer de los principios del diseño universal.
- Instructivos para el personal que provee asistencia a las personas con discapacidad.
- Proveer información comprensible y práctica para facilitar las aplicaciones y el programa accesible en las comunidades recreativas.
- El Centro dicta un número de cursos destinado a capacitar y equipar a las organizaciones específicas que trabajan con poblaciones con necesidades especiales.

En otro orden y como ya he expresado, existen un número de organizaciones gubernamentales y no gubernamentales, nacionales y dependientes de convenios internacionales, que dan y/o reciben capacitación, asistencia técnica y entrenamiento específico. Al respecto, existen en cada uno de los estados diversos proyectos de integración para familias que tienen uno o más miembros con una discapacidad física y/o psíquica, mental, emocional o de aprendizaje.

Algunas de las intervenciones específicas para estas familias comprenden la participación, puertas afuera, con actividades recreativas o de formación y la interrelación con otras familias con similares características y/o dificultades y con sus comunidades de referencia. Para estos casos también se ofrecen recursos de información y soporte (humano y/o técnico, según los requisitos específicos para cada caso).

Al respecto podemos dar el ejemplo del Proyecto (Families Integrating Together **(Proyecto FIT)** que propone una serie de actividades sin costo. La modalidad de intervención es la siguiente: tres a cuatro familias participan en las siguientes actividades como si se tratara de un solo grupo:

- Completan entre 20 y 30 horas de educación en la participación e integración puertas afuera.
- Planean y ejecutan una salida de entre 4 y 7 días con la asesoría de Proyecto FIT y las familias.
- Crean consejos y redes de familia para asesoramiento, información y desarrollo.
- Ayudan a otras familias en el aprendizaje que han hecho de estas experiencias puertas afuera y se organizan jornadas de trabajo.

El objeto de estos emprendimientos es el de proveer al **nivel familiar** relaciones a través de actividades recreativas, incrementar el mutuo conocimiento y la consideración de nuevas opciones, la capacidad de producir redes más allá de su comunidad de referencia. En el aspecto **individual** ganar confianza en sí mismos, incrementar los lazos sociales y comunicacionales, tomar decisiones prácticas para la resolución de problemas, expandir la inclusión comunitaria.

El **Consejo de Programas Internacionales en Estados Unidos (Cipusa)** tiene como objeto proveer una experiencia a través de las manifestaciones culturales, así como el desenvolvimiento profesional en el entrenamiento de oportunidades para individuos y grupos, tanto en servicios sociales, negocios, organizaciones no gubernamentales, organizaciones públicas e institutos educativos.

Establecido con anterioridad como Consejo de Programas, Cipusa ha conseguido el servicio de cerca de 10 mil profesionales provenientes de 147 países hacia los Estados Unidos para el entrenamiento práctico en una serie de disciplinas. Se propone como:

Una alternativa social, política y tecnológica que acelera la adopción de libres estrategias de mercado a nivel empresario, ya que, la oferta global de trabajo crea nuevas necesidades para el desenvolvimiento profesional en un mundo en expansión.

Más allá de cierto aspecto corporativo de su propuesta (como queda expresado) ligado a las estrategias de mercado, el programa, sostenido desde la Cleveland Foundation, ofrece, a través de los intercambios educacionales y culturales, los siguientes campos de entrenamiento: arquitectura, negocios, comercio, comunicaciones, ingeniería, finanzas, leyes, gerenciamiento, administración pública, educación especial, asistentes de salud, trabajo social, servicios sociales y servicios de consejeros.

Ofrecen, asimismo, un detallado programa antes del arribo, un programa orientativo, supervisación del programa de entrenamiento, oportunidades educacionales y culturales, evaluaciones parciales y finales del entrenamiento, y un programa de prepartida. Las afiliaciones corresponden a las siguientes ciudades: Chicago (IL), Cleveland (OH), Columbus (OH), Denver (CO), Kalamazoo (MI), Morgantown (WV), San Diego (CA), San Francisco (CA), Scranton (PA).

Por otra parte, cientos de familias a través de Estados Unidos fueron hospedadas en sus casas, promoviendo una experiencia única de aprender acerca de otras culturas y hacer nuevos lazos a través del mundo. Los niños, asimismo, también aprenden acerca de otras culturas cuando los visitantes están en sus casas y se abren potenciales opciones hacia campos internacionales. Estos intercambios, o similares, producen experiencias transversales que permiten la posterior implementación de campos de incumbencia teóricos, de campo y/o desarrollos técnicos que ya funcionan en otros países. Dichas comunidades, afiliadas al programa, tienen la oportunidad de enriquecerse con las presentaciones libres acerca de sus países, que en las lecturas mensuales realizan las oficinas afiliadas de Cipusa.

LA MIRADA LATINOAMERICANA

Al respecto habría que considerar las diferencias políticas y las diferencias de criterios urbanísticos, debido a factores económicos y culturales. En este sentido resulta insoslayable que el proceso de urbanización para América latina difiere sustancialmente respecto de la planificación y, por consiguiente, respecto de los criterios de accesibilidad.

Si bien esto apenas propone un acercamiento general a la cuestión, si podemos considerar una primera categoría de análisis, ligada a la influencia en los Estados Unidos, que establece una **relación entre procesos de modernización y capitalismo**. Otra cuestión, derivada de la anterior, corresponde al problema de la **urbanización** y los **desequilibrios en el acceso a los bienes de uso**.

Esta concepción supone el potencial riesgo de proposición de **ciertos dogmas o prejuicios** que al menos cabría enumerar:

1. El proceso de urbanización en América latina es precario y falto de planificación porque la urbanización supone siempre un "alto grado de desarrollo y modernización".

2. Esto provoca relaciones sociales en "hacinamiento permanente de recursos" y acentúa el carácter caótico de sus ciudades.

3. Junto con la población en estado de emergencia, marginalidad y pujando desde las periferias sociales y urbanas, los espacios colapsan por un estado de tensión irreversible, por lo cual el propio movimiento de masas anula cualquier intento de planificación y propone una circularidad sin alternativa de desarrollo.

Este estado de supuesta inermidad social y política ha sido muy bien aprovechado por las políticas intervensionistas que respaldan así las intervenciones extranjeras y "desarrolladas" como única alternativa de superación, intervención única para romper con ese proceso de circularidad infinito. Ellos proveen las estrategias para el cambio tanto en el plano de las políticas económicas, planificación, inversión, supervisación, administración del recurso humano. La enormidad de semejante falacia no se compensa con las declaraciones de principios respecto de la autodeterminación de los pueblos; mientras en los

foros internacionales (la OEA, la ONU) se proclaman las políticas de protago-
nismo de la autogestión, las inversiones y subsidios para la región, las políticas de los estados poderosos y los intereses multinacionales hacen de este tipo
de declaraciones inocuas, el modo funcional para implementar su enriqueci-
miento y apropiación; damos por sentado que en estos verdaderos complots
de arrasamiento del recurso potencial y genuino, hay un cómplice necesario.
Podemos explorar, por ejemplo, dos posibles problemas de accesibilidad ligado a las políticas de los estados y a los programas de intervención urbana:

1. La alternativa de una planificación que contemple las redes solidarias
   articuladas con auténticos proyectos participativos y de gestión intra-
   comunitaria, pequeños "fogonazos" de espontaneidad, grupos popula-
   res interactuando a los niveles más primarios de organización hacia
   niveles más generales de organización social y política. Del análisis y
   relevamiento de esas intervenciones espontáneas y esos emergentes
   comunitarios más inmediatos pueden proveerse, en su desarrollo, los
   criterios de planificación originales para esa comunidad específica. La
   correlación con otras comunidades, equiparables en cuanto a las
   características de sus emergentes socioculturales, puede facilitar la
   constitución de programas de intervención sustentables.

2. El otro aspecto para América latina que quiero situar es el de la relación entre asentamientos urbanos y grupos urbanos y las estructuras
   rurales. Esto supone considerar los fenómenos de inmigración interna
   ligados a la oferta laboral, por un lado, y a la particular mirada de la
   urbanización como medida de desarrollo, por otro. En este sentido que
   la fuerza de trabajo rural ocupe los asentamientos periféricos de la ciudad más hacinados y tenga acceso a las ofertas laborales más degra-
   dantes, aparece, sin embargo, como única alternativa en la humillación
   para permanecer, para pertenecer, para tener inscripción social. Este
   lugar problemático, este estado de "infrahumanidad", es resultado de
   una relación y una tensión. Esta tensión está en última instancia ligada a las estructuras de poder y a los modos de distribución de la riqueza. La tensión entre estas dos estructuras descriptas es uno de los tantos efectos de la polarización extrema en los modos de distribución.

CAPÍTULO IV

Alternancias

AVATARES DE LA DISOCIACIÓN SOCIAL
EN EL ESPACIO INACCESIBLE

Melancolía y confín: la melancolía del rioplatense

Suele mencionarse la "melancolía del rioplatense" como rasgo categorial "exclusivo", pero: ¿qué sostiene esta tradicional interpretación que asocia la rivera a la nostalgia por lo que se perdió?

¿Es lícito hacer corresponder un fenómeno que se halla "en relación con", multidimensional históricamente de la colonización en adelante, a un aspecto unidireccional como el de la inmigración europea de las clases bajas, expulsadas brutalmente de la línea de montaje por la misma industrialización que prometía albergarlos, sin retorno, sin arrepentimiento posible y, por lo tanto, la configuración a partir de estas lecturas que se hacen "obligatoriamente" de Buenos Aires, ciudad cosmopolita que mira " para el otro lado", como puerta al mundo?

Es decir, con efecto de una cuestión que plantea la tensión entre abaratar los costos de producción y aliviar la carga social de la población inactiva. Planteadas así las cosas, Buenos Aires como urbe se alistaría en la posición del asceta, trazando un puente con la capitalización mundial en la puja por el incremento del poder, reservorio de todos los ideales ligados a la salvación: "Argentina potencia", "Argentina granero del mundo". Gran reservorio libidinal a la espera, **haciendo del impulso el sentido de su inmovilidad.**

En estas circunstancias la melancolía aparece más bien como el trazo del horizonte de la mirada, como "lo que es antiguo de suyo", una mirada que se asegura en su horizonte lo que ha dejado atrás en la serie temporal. Todo horizonte lo es de "lo que se dejó atrás", en este sentido "exclusivo" (lo que no puede hacerse corresponder a la comunidad de intereses, porque excluye la variable propia de la serie de individuos mancomunados).

Un confín, a partir de allí (de esta puntuación) lo antiguo desde siempre, queda instituido en "verdad material". Esto es lo que torna su análisis complejo y plagado de aristas, atribuibles a la improvisación singular sobre la heterogeneidad de los elementos materiales.

TERRITORIALIZACIÓN Y VARIABLE TEMPORAL

Basura y procesos de acumulación

Son constitutivos de la estructura represiva de la ciudad, donde los desechos se vuelven rehechos.

La variable a considerar está ligada al espacio, es recorrido posible donde eso hace diferencia: procesos de territorialización que el cartonero propone de manera privilegiada, ¿de qué modo se enlazan a la variable temporal?

Lo actual: ¿Qué relación habrá entre este procedimiento de saturación y la globalización como modo de monopolización de los dispositivos de apoderamiento, en el proceso de distribución y circulación del espacio público?

La división en comunas

¿Qué tipo de producción hay en juego en el procedimiento de división de la ciudad de Buenos Aires en comunas, bajo la forma oficial de una más eficaz administración del recurso? ¿Qué tipo de territorio se enmarca así donde la división en sectores supone la implementación del dispositivo de control pertinente, es decir, algún modo de proliferación policial que sostenga la delimitación, ya que es claramente una parcelación de los flujos de circulación? ¿Qué máquina se hace funcionar así recordándonos la rémora de la Viena en ruinas, dividida y espectral que describe *El tercer Hombre*? Apenas mecanismo de control y no eficacia de administración, en otros términos, ambas operatorias son recíprocas y funcionales.

Mecanismos de Eficacia de
control administración

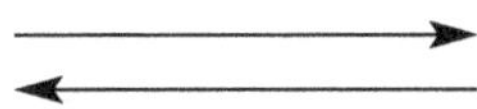

La función de la "comuna" (en la aspiración ideal de construcción de una ciudad); diluir las tensiones (entendiendo como transfiguración de lo heterogéneo; fragmentación y no escisión).

Es así, que "la divisa" individual (del indiviso) no es más que la pátina del universal: la "imagen y semejanza" particular (como partícula) de los intereses o iniciativas del Estado comunal, en la figura de la demagogia.

La expectativa, bajo el postulado de suspensión de las tensiones, es la de la evitación y anticipación de lo que para la comuna es equivalente a un fenómeno caótico, lo que tiende en la vida hacia la muerte como resolución de esas tensiones en su equiparación: por ejemplo las "equidistancias de las políticas asistenciales.

Todo intento de recuperar la causa (encontrar el punto de equidistancia) va en la dirección del incremento del poder.

Tiempo

1. Partir sucesivamente el espacio echa luz sobre la paradoja de la liebre y la tortuga: ya que no se trata del tiempo sino de una ecuación que sufracta y sustrae el movimiento. El efecto es el de un aplastamiento del tiempo, no es un instante precioso-preciso-impreciso, no es el tiempo fluctuante, no es el tiempo derretido.

2. Es tiempo aterrado, tieso y congelado.

El *ghetto* es el paradigma de la cautividad y a partir de allí el ojo no cesa.

La refundación

Queda por preguntarse si la magnánima refundación (una y otra vez, época tras época) de la ciudad de Buenos Aires es apenas un ejemplo argentino o una función radical de las ciudades.

Tal vez en la ciudad de Buenos Aires adquiera una impronta desmesurada ya que esa intervención ha llegado incluso o comienza de preferencia en la mismísima Plaza de Mayo, epicentro histórico y geográfico en el imaginario ligado a la construcción del concepto "Nación". No sólo las rastreables transformaciones coloniales dentro de la estructuración de la Nación durante el siglo XIX, que culminan en el electrificante festejo del Centenario de la Revolución de Mayo en el año 1910, sino a partir de ese punto cervical de estructuración historiográfico donde cada nueva transformación o proyecto de transformación (político económico y/o social) sólo puede ubicarse en el estatuto de un síntoma que pretende arrasar la vieja traza y clamorosamente va dejando por doquier las evidencias.

En este caso particular que citaremos, aunque atribuido a los estímulos más renovadores, corresponda la paradójica acción de cambiarla por completo arrasando las marcas "hispánicas, retrógradas y chaparras", por la oligarquía terrateniente y una burguesía emergente que toma el estilo de las vanguardias europeas y los suministros de la disponibilidad económica agropecuaria (con sus modos de producción y explotación casi medievales), haciendo de ella el signo en ciernes de la siempre nueva nación.

Uno de esos proyectos "integrales" ya estaba en pie en el año 1925 (Proyecto Orgánico para la Urbanización del Municipio. El plano regulador y de reforma para la Capital Federal). Otro entre tantos, tiene precisa actualidad en el año 2006, y apareció publicado en la prensa escrita de los principales diarios del país durante el mes de noviembre del 2006. Uno de los artículos, apareció el 25 de diciembre de 2006 en el diario *Clarín* bajo el título de "La Plaza de Mayo será un gran patio que integrará las calles laterales":

> [...] cada 5 minutos entre las 19 y las 0,30 horas, las luces del piso dibujarán los distintos contornos de la Plaza a través de la historia.

En todos estos casos, un aspecto aún curioso, atrapante y por momentos heráldico, es la extrema condensación geopolítica que se pretende en esta intervención, en el epicentro de mayor densidad simbólica, una simultaneidad que lo cuente todo junto, pero a condición de pulir la superficie hasta prácticamente hacer desaparecer su fisonomía monumental por otra en ciernes.

A pesar de los desplazamientos y las opíparas fundamentaciones de diseño urbanístico, aterra ese coqueto aleteo embelleciente y siempre final, simbiosis megalómana con aquellos manifiestos imperiales del movimiento futurista, por los exponentes cercanos y contemporáneos al fascismo.

LA EXCLUSIÓN SOCIAL

El concepto de **exclusión** está ligado a una forma de coerción. Es el equivalente en la jurisprudencia argentina a la historia del proceso legislativo de la **minoridad**. En este sentido, los conceptos de menor y excluido han sido las trampas categoriales sobre las que se han asentado los procedimientos de control social y económico de los modos de producción y acumulación desde fines del siglo XIX.

Por consiguiente, los **criterios de salud** quedan así asociados a las condiciones de vida y de trabajo donde la realidad socioeconómica marca el límite de posibilidad y de eficacia de la intervención.

La construcción de poderes hegemónicos en la instancia histórica en que se deciden las políticas institucionales y las planificaciones de salud (propias de los mecanismos de dominación político sociales en América latina) resultan así determinantes en los modos de producción y distribución y, por consiguiente, en las condiciones de salubridad y en los alcances de las planificaciones sociales.

Propuestas

Los siguientes ítems son un posible desarrollo sobre contenidos y actividades ligados a la categoría de exclusión social. Para cada uno de ellos se propondrá una bibliografía específica.

1. **Desestructuración y violencia familiar: circuito interminable y paradójico.**

2. **Indices de indigencia y marginalidad.** Datos oficiales del INDEC para el Gran Buenos Aires y porcentuales de incidencia en las ciudades más representativas del país. Consideraciones de los aspectos históricos, geopolíticos, geográficos y actuales.

3. **Criminalización de la pobreza. La destitución social considerada como un factor de riesgo.**

4. **Dispositivos de intervención social y dispositivos de salud.** Intervenciones en red y construcción piramidal de la estructura de intervención a partir del relevamiento y casuística de la comunidad en cuestión. Intervenciones transversales y grupo operativo.

5. **La niñez en situación de riesgo: características psicosociales.** Historia del proceso legislativo de la niñez. Convención internacional de los Derechos del Niño.
   La macrointernación como dispositivo de control social sin lectura del emergente.
   De los modelos iatrogénicos de los institutos de internación a los recursos alternativos de intervención sobre la comunidad.

CAPÍTULO V

Crónicas, flujos, debates
sobre el espacio inaccesible

Panoramas

Gustavo Ducasse

¡SÍSIFO OTRA VEZ!

Los niveles de dificultad

En una reunión, al ser interrogado por el grupo acerca del problema de la ecología, oímos del maestro de Yoga, Eduardo Pérez de Carrera, decir la siguiente frase:

> Un mal pensamiento es más contaminante que una fábrica de celulosa.

Quisiéramos poder alimentar nuestro pensamiento y las palabras que siguen de este buen pensamiento.

Cada uno de nosotros se fastidia a diario al encontrar una dificultad, sobre todo cuando ésta es imprevista y no tenemos un procedimiento al uso para resolverla. Pero, en muchos casos, es justamente esa sorpresa y la que nos desconcierta y nos despista, la que a su vez nos desafía, la que estimula nuestra imaginación para buscar una solución, o mejor aún una salida, y abre un espacio para conocer nuestro funcionamiento exactamente a la vez que nuestra intuición: una oportunidad para el juego de saltar del curso continuo del habitar en el que estamos colocados. Mal o bien paradójicamente hemos tenido que salir de la senda para poder fluir. En el mejor de los casos, esto cuestiona a nuestro camino su carácter de tal, a la vez que descubre una corriente impensada en nosotros, llamémosle "un caminar". En el peor de los casos, nos permite justificar la ira: ¡nadie nos avisa!

Tal vez se nos hace mucho más dura aquella dificultad que es conocida de antemano, esa que no podemos vencer ni evitar, un viejo testigo que es como esa vecina chismosa, cómplice de nuestro plano cotidiano que llena de resentimientos y lamentos nuestras horas vencidas y en "ese señalado momento" que siempre está al acecho, nos la "volvemos" a encontrar, como se encuentran fatalmente Sísifo, la piedra y el pie de la montaña.[36]

En el mejor de los casos algún día podremos creer que ese escenario, el que nos toque, con la vieja vecina incluida, está dispuesto para nosotros, exclusivamente para nosotros, para que nos señale, por contraste, un estado de excepción muy determinado, aquello que se suele llamar tan a menudo y ligeramente "aceptación del destino".

Una vez desenmascarado todo lo que tiene de tinglado, ese estado de excepción se realizaría, una y otra vez (viejas dificultades dejan paso a nuevos matices de dificultad) cada vez menos denso, cada vez más libre. Se descubriría como ese "caminar", incluso como ese "acompañarse" en la dificultad, qué otra si no, de la materia.

Nunca nos ponemos a pensar en qué se dirán la piedra y la montaña ("¡Dios mío, Sísifo, otra vez!"). Al fin y al cabo, desde el punto de vista de éstas, es también Sísifo, a su pesar, el que insiste. Si aquel pudiera escucharlas tal vez se echaría a reír. Decía Samuel Beckett en uno de sus poemas de *Mirlitonnades* (1976-1978):

en face	enfrente
le pire	lo peor
jusqu' a ce	hasta
qu'il fasse rire	que haga reir.

Pero, cuando no podemos reír (reír sería el mejor de los casos frente a lo peor, la única salida, su estallido, su desmentida) en el peor, aquella ira se convierte ahora en impotencia y aún peor, deja su lugar al infierno de la repetición y al hastío.

Pero mucho más grave aún que estos tipos de dificultad es, tal vez, **aquella que soñamos que siempre nos vamos a encontrar** (que proviene de una memoria del miedo casi perdida) aunque nunca hayamos topado todavía con su dura materialidad y un día aparece, y se nos presenta; y aunque nimia y raquítica, la tenemos que confirmar. Aquélla que hemos erróneamente convocado, estúpidamente cultivado y sostenido, y está hecha de aire.

Esta es la peor: ese sueño, cuando se hace colectivo, que deriva en lo que llamamos *Ley*. Bajo la que sin ira ni hastío parecemos querer ser sometidos merced a un procedimiento mecánico, indoloro y presuntamente invisible que viene de lejos y que, actualmente, denominamos *burocracia*. De ese sueño está hecha nuestra cultura y tal vez toda cultura.

Todo arquitecto sabe que el trabajo que va a afrontar está preso de la paradoja de que por cada gran solución que dé generará un racimo de nuevos problemas, que a la larga se harán relevantes. Va a tratar con la materia: intentará discutirla, acompañarla o controlarla. Estas tres modalidades suelen estar entrelazadas en un mismo artefacto, pero, alguno de los aspectos siempre predomina sobre los demás y probablemente interactuará de esa determinada manera con la persona. De cada modalidad, de cada camino que escoja generará un tipo determinado de cruce, de barrera.

Los objetos que construiremos, más que a sus soluciones, están fatalmente destinados a poner en escena y a alimentar a alguno de estos tipos de dificultad.

El arquitecto debe elegir a cuál.

La sociedad también debe elegir a cuál, con la diferencia de que en la mayoría de los casos ya ha elegido.

Ese, creemos, es justamente el margen de libertad de un arquitecto.

El propósito de este ensayo es trazar un esbozo de cuáles serían las condiciones de trabajo de un arquitecto ante este tipo de problemas, cuáles son los límites actuales y potenciales de su actividad, cuáles sus responsabilidades.

El esbozo, aún como provisional, es demasiado extenso. Para reducirlo hemos seguido los siguientes ejes.

Para tratar el tema de la accesibilidad desde el punto de vista del diseño, el primer planteamiento al que nos hemos visto llevados por fuerza es la disyuntiva respecto al **origen de las barreras urbanas**: o son un efecto involuntario que una ciudad no contempla en su dinámica, es decir, problemas residuales de su propio proceso (algo así como para usar una expresión muy al uso "daños colaterales") o la barrera es algo que surge necesariamente para el desarrollo de cualquier ciudad, una condición indispensable para la constitución de su estructura, es decir, una elección responsable, su proyecto "humano" sui generis, ideológico, en el peor sentido de la palabra.

Una vez despejada esta cuestión (que no es más que una cuestión de enfoque), inclinándonos por la segunda, trataremos de interpretar si cada ciudad, cada comunidad, cada cultura, genera sus propios tipos de barreras.

Trabajaremos para este caso con resumidos ejemplos analizados en la ciudad de Madrid. Por una parte, porque es un lugar de residencia actual, habida cuenta que este material quiere basarse en la experiencia fenoménica del habitar, en la interacción del habitante ligada al tiempo y lugar presentes y concretos: una especie de diario de viaje. Y, además, porque puede ofrecer a un profesional o a cualquier persona, que se ponga a pensar sobre estas cuestiones, un contraste o una similitud de experiencia respecto del habitar y específicamente del tipo de accesibilidad de su ciudad concreta. O en todo caso para que le ayude a reconocer que habita en una ciudad concreta.

Delimitado este marco de acción, intentaremos poner en escena el papel que un hipotético arquitecto desempeña, dentro del margen (estrecho o casi infinito según se lo mire) que va desde la integración en lo multidisciplinar al mero operador técnico de las reglamentaciones, en este juego de vivir entre barreras, obedecerlas, crearlas, deshacerlas.

Por último, quisiéramos anotar algo en relación con el punto de vista y la discapacidad. Es necesario ser honestos: es difícil medir el nivel de problema que una discapacidad puede generar en una persona, nos referimos a un nivel profundo, no sólo de experiencia física, psicológica y social (que es más descriptible) sino sensorial y, en última instancia, espiritual.

Quisiéramos creer que una solución a un problema de accesibilidad está necesariamente ligada a esta posibilidad de conocimiento profundo o, por lo menos, a un acercamiento.

La experiencia que hemos intentado describir frente a las barreras urbanas no está ligada tanto a una discapacidad específica, sino al tipo de dificultad que incluso y sobre todo las personas con un menor grado de discapacidad (me refiero a discapacidades menos evidentes o aparentes) solemos encontrar cada vez más a menudo.

Hemos intentado poner en escena nuestras propias conductas frente a la dificultad ligada a la accesibilidad y tratar el conflicto que se genera como un conflicto a la medida de una discapacidad.

Se intenta abrir así, un diálogo desde la percepción compartida, un diálogo entre subjetividades. No pretendemos decir que sólo un arquitecto que tenga una discapacidad determinada esté en condiciones de aportar soluciones eficaces. Pero, tampoco estamos lejos de pensarlo, con todo lo discutible que este pensamiento tiene. Creemos que sólo colocándonos en nuestra circunstancia vital podemos ponernos en "igualdad de condiciones" (es decir, en todas las dimensiones posibles de nuestro habitar) para poder pensar y comprender un "otro" habitar, es decir asumiendo justamente la desigualdad plena que existe entre todos nosotros.

Y hacernos compañía.

Con el riesgo de digresión que implica abordar el tema por el absurdo organizamos nuestra reflexión a partir de los casos que siguen a continuación.

EL NUEVO TRAJE DEL EMPERADOR

Estrategias de negación en la arquitectura y el diseño

El puente de los suicidas

Un ejemplo en la ciudad de Madrid

Uno de los sitios más notables de Madrid es el viaducto de Segovia, en la zona de las Vistillas muy cerca del Palacio Real. Cruza por encima de una calle de la que toma su nombre y que en su origen fue un arroyo afluente del Manzanares.

Cuenta una de las tantas leyendas sobre el origen de la villa, que en los márgenes de este curso de agua se habría asentado una primitiva aldea visigótica, previa o paralelamente al asentamiento árabe más conocido llamado *Mayrit*. El nombre originario del arroyo es el vocablo romance *Matrice* que significa "arroyo madre" (una manera poética de decir "sitio de donde mana el agua", es decir "manantial"), un término genérico utilizado por aquella época en toda la zona para designar este hecho geográfico y que es demasiado sugestivo como para no aceptar la teoría de que de este nombre se deriva el actual "Madrid".

Nuestro arroyo en cuestión (que más tarde, con Alfonso X, tomó un nombre menos telúrico y más "político": "arroyo de las fuentes de San Pedro"), ha dejado su huella en forma de una gran vaguada o barranco, que comienza en Puerta Cerrada (sitio donde se supone que brotaba el manantial, muy cerca de la actual Plaza Mayor) y desciende en una brusca pendiente hacia el Manzanares. Crea a ambos lados un inmenso desnivel respecto del resto del trazado y a la altura de la calle Bailén (cuya prolongación sobre el corte del terreno es lo que origina el puente) llega a unos 23 m de altura respecto al nivel del pavimento.

Se trata de una vía para automóviles de doble carril y sendas pasarelas peatonales a los costados, desde las cuales se ven dos extraordinarios panoramas de la ciudad.

Por un lado, la Casa de Campo, un ilimitado horizonte de jardines que se pierden hasta vislumbrar un perfil de sierras, que nos cuenta como en pocas grandes urbes de interior un límite físico y visible. Por el otro, un conjunto de tejados y torres, la fisonomía de una villa que ha dejado de serlo desde hace mucho tiempo, pero que aquí se recupera en un vistazo: se trata del casco histórico donde se conserva lo que alguna vez fue y no poco de lo que aún sigue siendo.

Al ver Madrid desde un punto medianamente alto, la gran urbe queda en algo desmentida. La posibilidad de tener una visión completa y uniforme, la textura abigarrada, el mar de tejas rojas en que queda reducida la imagen, nos sugiere una conformación rígida y definitiva. Ese ritmo "arcaico" es el que luego experimentamos en sus calles, tanto en las antiguas como en las nuevas. Es como si desde esta mirada se comprendiera la "actitud" de la conformación de espacio, una síntesis que reaparece una y otra vez en los nuevos sectores de la ciudad aunque se actualice con formas completamente diferentes. Esta actitud sería también la que subyace en la creación y resolución de problemas, la que se expresa en el signo que adquieren las nuevas obras que están desfigurando la ciudad, la que determina el tipo específico de dificultad a la que nos somete. Se trata de una manera de habitar, algo que tal vez sólo existe en el espacio imaginario de sus habitantes.

Este punto de mira privilegiado de Madrid que nos permite hacer esa sinopsis (prácticamente el mismo desde donde Velázquez pintó muchos de los paisajes que le servían de fondo a sus cuadros) es un entrecruzamiento rico en elementos urbanos. Es la huella viva de un proceso ejemplar de configuración del espacio, una analogía bastante precisa para el tema que intentamos abordar.

Un poco más adelante nos detendremos a contar como dicho proceso termina entroncándose con una macabra tradición.

Así se filtran por circuitos intangibles verdades y falsedades, viejos y nuevos pactos de la conciencia con las sensaciones, configuraciones coyunturales de realidad, en nuestras actuales constataciones.

Volvamos a nuestro manantial. A medida que la villa fue creciendo, esta grieta se convirtió en un abismo que dividió a Madrid en dos partes. Cuentan que se fue creando un arrabal extramuros (por muros se refiere a la primitiva muralla del S IX que encerraba el alcázar y la Medina) en donde se permitía el asentamiento de cristianos (mozárabes), al otro lado del arroyo, alrededor de la iglesia de San Andrés. Cuando en el siglo XII Madrid es cedida a los cristianos (lo de la cesión es una hipótesis entre otras) el flujo se hace inverso: los musulmanes (mudéjares) se van al arrabal y los cristianos se vienen a la anterior Medina. He aquí un primer provecho (social y político) que le han sacado los antiguos pobladores a un hecho geográfico como este, llamado luego accidente, barrera natural, para finalmente trazar con él algo demasiado humano: *un límite.*

La villa envolvió a la aldea y está división se perdió en el inconsciente: el límite, ahora sin sentido y superado en muchos puntos de la nueva ciudad, se convirtió en un puntual obstáculo dentro de una zona institucional muy señalada y concurrida. Al convertirse Madrid en sede de la Corte de Felipe II es cuando el urbanismo hace plenamente su entrada en la villa: con las obras de Juan de Herrera, alrededor de 1570, desaparece nuestro arroyo (donde se concentraban aguas canalizadas y servidas que ya iban a dejar paso a nuevas obras de alcantarillado) y el barranco se incorpora como un suelo urbano. Una vez conquistado este territorio, es en la época siguiente, la de los borbones, en que se empieza a considerar la necesidad de unir la zona del Palacio Real con los barrios de la iglesia de San Francisco el Grande. Pero es recién un siglo después cuando se concreta finalmente esta idea gracias a los avances tecnológicos de la revolución industrial: en el año 1874, se inaugura un puente con estructura de hierro y madera.

La ciudad siguió creciendo y el intenso uso del viaducto, lo que verificó su gran utilidad y necesidad, hizo que en poco tiempo la estructura se volviese obsoleta. Luego de sucesivas reparaciones, en el año 1931 el ayuntamiento convoca un concurso público para suplantar el viejo viaducto por el actual. En 1934 se termina de construir un puente, cuya estructura se compone de cuatro pórticos paralelos de hormigón armado con tres arcos de 35 metros de luz cada uno, típica obra racionalista que sufrió varias reconstrucciones, guerra civil mediante, hasta su última restauración a finales de los años 60.

Hoy todas estas operaciones nos parecen ínfimas, no llaman nuestra atención ni nos evocan los verdaderos esfuerzos que costaron, más allá del lugar común de situarlas en su tiempo. Y a ese tiempo, además, no sé por qué razón, lo consideramos ingenuo, como si se tratara de una infancia superada, con frases como "y para la época...", como si hoy fuera todo mucho más fácil. Menos aún nos evocan los sueños que las crearon, las voluntades que debieron aunarse, el paso cualitativo inmenso que significó cada operación. Están ahí, creemos que son nuestras. Hoy a la ciudad que referíamos al principio la aventamos en pocos minutos, en pocos pasos. Cuesta creer que el territorio de la aldea e incluso el de la villa, todo aquel mundo de diferencias y articulaciones, fuera tan pequeño. Poseemos una sensación cuantitativa y no cualitativa de la historia, tal vez porque tampoco estamos situados responsablemente en nuestro propio tiempo. Cuesta entender cómo una grieta, ahora tan fácil de cruzar, fuera de tanta utilidad como para crear una división cultural durante más de un siglo. Tampoco sabemos si realmente fue tan determinante como decimos aquí. Lo cierto es que la división social existió y encontró sus objetos y sus métodos para llevarla a cabo. También es claro el empeño posterior en tratar de liquidar dicha diferencia cuando conservarla ya no servía para nada. Y en este caso, el puente, ya es una imagen de integración.

Hoy es un minúsculo accidente de nivel dentro de la gran ciudad que tiene, por supuesto, accidentes y conexiones de mucha mayor envergadura. La huella del arroyo es irreconocible. El desnivel de la calle está saturado de otras emociones simbólicas que mitigan el esfuerzo secreto de subir y bajar cuestas. No se trata tan sólo de que el itinerario es siempre el mismo una y otra vez para el que lo recorre y conoce, sino que está materializado para siempre en una forma y en un nombre que lo convierte en uno más de nuestros artefactos. Sólo una sensación de humedad diferente y unas décimas de grado menos de temperatura que se perciben en nuestro cuerpo cuando descendemos por ella nos evocan el origen de esta calle que aparece como un fantasma.

Sin embargo, basta salir fuera de las ciudades para que estos pequeños hechos que llamamos accidentes adquieran rápidamente una renovada y plena vitalidad. El arroyo, la cuesta, la colina, los caminos transitados o por transitar todavía conservan la inercia puramente telúrica que hacen que una pendiente cualquiera sea más trabajosa, y no sólo por carecer de asfalto. El horizonte es diferente. La medida es más difusa. El símbolo no refiere todavía a la conquista, a la dominación plena del hombre por sobre el territorio. Las cosas no parecen haber cambiado demasiado en términos físicos pero sí cualitativamente y cada paso en el campo nos parece una proeza o un fastidio.

A la conservación de esa memoria no solamente contribuyen los nombres concretos (los nombres que hacen referencia al origen son habituales, sobre todo en los cascos antiguos de las ciudades europeas). Sino también, como veremos más adelante, en la manera de nombrar y comunicar.

Aceptemos un último relato en calidad de resumen, con una mirada animista de los hechos aunque parezca una viñeta: el manantial nunca quiso separar nada, no le queda más remedio que brotar en un punto, dentro de un territorio surcado por flujos que reclaman fluir (*pantha rei*, como dijo Heráclito) y este reclamo no lo vamos a analizar.

En esos sitios señalados, los hombres detienen su paso, hincan sus rodillas y sacian su sed, se lavan, ¿se bautizan?, esos rituales o síntomas sin los cuales no podrían tomar conciencia de que ese elemento es vital. Cuando deciden quedarse en algún sitio, ese es un sitio idóneo, es más, es el único sitio sine qua non. Allí se quedan, se establecen, se desarrollan, se expanden, se les adjuntan otros de fuera. Aquello que los convoca como un imán, con el tiempo queda subsumido en medio de la dinámica de su desarrollo como si fuera paradójicamente una fractura, algo (una unidad) que se partió. La expansión humana hace de la naturaleza olvidada una barrera, que tardará muchos años en superar, con mucho trabajo, aguardando la tecnología adecuada disponible para tal fin, imaginada y buscada para tal fin. La reunión se consolida. La grieta se olvida y ya pasa a formar parte de un entramado familiar y conocido. Del origen inescrutable a la necesidad del nacimiento, del trauma al carácter.

El esforzado trabajo para reunir dos partes que se han ido formando en torno a un "accidente" geográfico (dándole así este nuevo carácter humanizado de límite y luego el más humanizado aún, el de superar ese límite) deriva ahora en un nuevo problema.

Borra las huellas

Tendencias de la administración

El barranco se convirtió en un artefacto humano de uso, el viaducto concitó, por un lado, la atracción de los paseantes que disponían ahora de un nuevo mirador privilegiado del horizonte y, por el otro, el de los desesperados a los que ofrecía un abismal salto al vacío sin vuelta atrás: un dispositivo gravitatorio idóneo con la altura suficiente para no fallar en el intento, en un escenario público de escala monumental.

El 2 de octubre de 1998, después de una tradición de poco más de un siglo de suicidios, el alcalde Álvarez del Manzano, inaugura una obra más con la colocación de una mampara de cristales entre la pasarela peatonal y la verja a ambos lados del viaducto con la pretensión de detener esta práctica sin sacrificar al paseo-mirador, una de las funciones derivadas rentables para un Madrid cada vez más turístico.

Una vez más la tecnología al uso permitía dar forma al viejo sueño de reconciliar el invento con los problemas y virtudes colaterales que ha generado *ipso facto*. El viejo sueño de la eficacia y la reunión otra vez diseña su tecnología a su imagen y semejanza. Atrás muy atrás queda aquel problema que generó el invento. Abajo muy abajo está todavía el problema que lo condiciona: no habría problema sin personas que se suicidan. No habría suicidas sin un gran problema. Pero, esto ya no sería un tema que pueda resolver la arquitectura, el diseño, ni la tecnología. El diseño corre detrás del sueño, que es el problema, y lo porta como un virus. Mal visto, mal dicho, diría Beckett.

El artefacto es un sistema modular de paneles de cristal: una serie de 67 placas por cada lado del puente, del tipo *blindex*, la mayoría de las cuales tienen aproximadamente 2,08 m de ancho por 1,80 m la altura (excepto algunos paneles como los de arranque o algunos del centro que cumplen la función de "fuelle"). Cada panel de vidrio está compuesto por dos placas de 0,010 mm pegadas, está anclado en soportes de acero inoxidable y está separado del suelo unos 0,25 cm. La pantalla cubre aproximadamente unos 142 m de largo y la altura total a salvar es de 2,05 m.

Yo había llegado a conocer de pequeño el viaducto desnudo y sus bellísimas vistas. Volví muchos años después y tuve el inmenso desagrado y la decepción de descubrir semejante mutilación. El efecto visual no es el esperado, el cristal se ensucia y se reflejan en él todo tipo de interferencias. Por empezar la propia reflexión de sol. Luego se raya, se pinta, el aire de la sierra no entra en tus pulmones sino que se estanca y se recalienta, el vértigo es sustituido por la sensación de encierro. La pantalla es una especie más de preservativo.

Instalado en mi ingenuidad de paseante y enceguecido en mi disgusto pregunté ¿por qué han hecho esto? La respuesta era obvia.

La pantalla puesta para los suicidas les habla, los nombra, los desafía, los incita, los señala, los eterniza como tales, los olvida como vidas humanas posibles, los resume en su desesperada decisión, los asume sin más, silenciosamente. Un acto de obscenidad tal los desnuda ante todos nosotros, los expone literalmente ante nuestro imaginario, enfriándolo.

El viaducto sobre la calle Segovia ha adquirido un nuevo carácter. El puente con maravillosas vistas, desde donde cada tanto una persona desesperada se arroja al vacío, ya no pone al paseante en contacto con el aire ni nos enfrenta a un vértigo que podría ser lo más parecido a lo que experimenta el que se arroja. Esta sensación por lo menos nos ayudaría a preguntarnos con más énfasis por qué alguien puede hacer algo así. Pero, estamos preservados detrás de un velo.

El paseo cede sus muchos nombres y sensaciones ante una especie de eslogan invisible y masivo que lo vacía de cualquier otro contenido. Es el mismo procedimiento por el cual se reducen las fechas de las catástrofes a una letra y un número, 11-S u 11-M. El mismo por el cual los noticieros exponen a los muertos, cada vez más a menudo, cada vez con menos respeto, sin pudor alguno. Neutralizar el horror, hacerlo frecuente, natural, un hecho entre los hechos, un número.

La sabiduría dramática de los trágicos griegos respecto al relato de un crimen era que éste siempre ocurría fuera de la escena, de esta forma cobraba un valor enorme en la imaginación del espectador. Al integrarse en una cadena de hechos los cadáveres, mediante su frecuentación en la pantalla, adquieren una razón, una causa, que es la de justificar la propia noticia, nunca son mostrados para que nos preguntemos por ellos. Lo que todavía no tenga un relato y por lo tanto no haya tenido la posibilidad de ser administrado es un anatema.

Son estrategias de inventario para hechos cada vez más habituales con los que se pretende que convivamos. Estrategia que consagra a la obscenidad como una manera de hacer invisible el horror.

"Borra las huellas" es el consejo para los habitantes de una ciudad en un poema de Brecht. Lo cita Benjamin en su escrito *Experiencia y pobreza*[37] cuando describe el interior burgués como un espacio saturado de rastros que obliga al visitante o al que lo habita a "aceptar un número altísimo de costumbres", un sitio en el que "nada tenemos que buscar en él". A la experiencia ya saturada de las huellas opone la descripción de una "nueva pobreza" a partir del uso cada vez más frecuente en la modernidad de este nuevo material, el vidrio, que no admite marca.

Hemos descrito cómo este se llena de polvo, como la mampara de vidrio refleja un palimpsesto de huellas. Cómo, en realidad, condiciona la mirada. La fuerza expresiva incontenible de los grafiteros y su ambición de marcar y conquistar los territorios más insólitos y fugaces, escaparates, vagones de metro, me sugiere que la necesidad de la huella se sobrepone a cualquier cualidad específica del material y a su disposición. Nuestra pantalla es un claro y paradójico muestrario de esta necesidad. Su superficie es a la vez víctima y testigo del desafío a su pretendida transparencia y a su falsa fugacidad que es derrotada con notoria facilidad. Esas marcas desmienten nuestra liberación y señalan nuestros rituales, identifican sus objetos, hacen visible su recurrencia programada.

Borrar las huellas es una invitación a morir y a renacer, algo indispensable para la vida. Sobre todo cuando esas huellas, aquellas que creemos propias, en realidad nos encierran en el coto de caza que es propiedad de "un otro" viejo conocido. Pero, cuando este imperativo individual se convierte en un programa colectivo, invierte su signo. Borrar las huellas es aventurarse en lo desconocido de tu propia acción que dejará nuevos rastros, pero esta aventura nada tiene que ver con la anomia, con el borrado de rastros que pareciera proponer la ciudad moderna. Cuando el Estado asume esta tarea, ya no es de fiar. De tanto invitarnos al silencio, cuando queremos ponerlo a prueba con un sonido nos damos cuenta que estamos mudos. La ciudad no borra sus huellas, las oculta, pretende hacerlas transparentes para que sigamos ritualmente más agarrados aún a su trazo y no nos enteremos de la infernal repetición de nuestros actos. Repetición que la sostiene.

Borrar las huellas también nos remite al crimen.

El tesoro y la viña

Secuelas en la destrucción y renovación del espacio urbano

Madrid me ha parecido una ciudad muy bonita... espero que muy pronto encuentren el tesoro.

Algo así dijo el actor Dani de Vito al despedirse de los periodistas, en una visita a Madrid, cuando le preguntaron qué le había parecido la ciudad.

Era la época del alcalde Álvarez del Manzano, que cuando dejó su cargo después de 12 años de gestión creyendo ser el alcalde que iba a ser recordado por haber "dado vuelta" Madrid (no se imaginaban ni él, ni mucho menos los vecinos, él tal vez sí (no quisieramos ser ingenuos en este punto) que su sucesor iba a multiplicar al cuadrado los lineamientos de esta política urbana), en el emocionado momento de su despedida, no dejó de recordar amargamente esa frase irónica e intentó refutarla haciendo el inventario de las obras realizadas diciendo "este era *el tesoro* señor De Vito".

La broma del actor que estaba de paso y la autodefensa de Manzano a punto de dejar su tan recurrido sillón nos hace evocar la fábula del anciano moribundo que lega a sus hijos un tesoro escondido en la viña, una pequeña trampa para que éstos tengan que cavar y así obtener en vez del oro que ellos creían que iban a encontrar, una cosecha récord. Esta fábula la refiere el propio Benjamin al principio de su ensayo (*Experiencia y pobreza*) para contarnos cómo este tipo de narraciones que en la Antigüedad habían transmitido el valor de la experiencia vital del trabajo se habían empobrecido en nuestra época: el cuento extraviaba su contenido puesto que la misma "laboriosidad" que era el tesoro del que el viejo hablaba en realidad ya había pasado de ser una experiencia evolutiva a ser mera mercancía. La viña de Madrid no tiene hijos, sino asalariados anónimos, mercenarios a "cara de perro", inquilinos.

Mientras el alcalde nos cuenta el cuento, la frase de De Vito adquiere entonces un nuevo matiz que ya no es broma, la fábula asume un contenido mucho más negativo: hay un tesoro, pero ¿para quién?

La respuesta pertenece a un cuento contemporáneo demasiado conocido y de plena actualidad. Este nuevo espíritu codicioso que bebe en las raíces de la salvación a través de los rendimientos del trabajo ha hecho de Madrid una horrorosa excusa para generar riqueza artificial. Todo buen agricultor sabe que la sobreexplotación del suelo a la larga, si no se le da descanso, lo deja yermo. Madrid siempre ha estado en obras y es razonable que una ciudad antigua, como las europeas, requiera una renovación permanente por el agregado de infraestructuras cada vez más complejas y extrañas a su propia lógica original. Pero, nunca antes, creemos se ha visto con tanta transparencia esta actitud de forma masiva.

El alcalde Ruiz Gallardón ha acometido todo de una vez, algo absolutamente no recomendable en cualquier planificación urbana que se precie de tal. Siguiendo la línea de su partido (cuyas raíces fascistas el alcalde no escatima esfuerzos para ocultar), "sin complejos" ha hecho uso directo de su poder. Se trata de una especie de guerra preventiva contra las críticas y objeciones de manera de generar un estado de "naturalización" de los inconvenientes, ruidos, barreras y privaciones, por hartazgo, por redoblamiento.

No hay mejor defensa que un buen ataque y funciona. La ciudad se ha convertido en una *carrera de obstáculos* frase que ya funciona como un lugar común. Una crónica leída en Internet hacía una especie de inventario de estos: "trampas, embudos, accesos cortados, zanjas, socavones, desvíos, chicanes", etc.

Paisajes ayer conocidos y familiares han sido borrados del mapa para siempre. Otros, ocultos tras vallas durante meses, se vuelven extraños. Sitios por donde ayer se podía circular y cruzar hoy son inaccesibles para el peatón, como ocurre por ejemplo en Moncloa, en donde cada semana la restricción se va mudando de sitio y con él todo lo que éste contenía (paradas de autobuses por ejemplo). Esto no permite siquiera hacerse a la idea de la adaptación. No sólo cambian las posibilidades de transitar sino que se van reduciendo. Se pierden las posibilidades de optar, no sólo porque no se informa, ni se señalan caminos alternativos, lo que indica un profundo desprecio por el peatón, sino porque, lo más probable, es que esos caminos ya no existen. Se suma a esto nuestra inercia a recorrer los caminos resabiados, lo que provoca un paisaje de peatones deambulando en el asfalto, rodeando las formas intuidas de antaño con una peligrosa cercanía con los automóviles y una urgente necesidad de orientación.

La obra paradigmática es la reestructuración y soterramiento de la M-30, una autovía que es el primer anillo de circunvalación de la ciudad, y en particular el tratamiento del río Manzanares que coincide con una parte de su trazado. Vista desde uno de sus puentes Madrid parece una ciudad en guerra: enormes barricadas han borrado la huella del río que ha quedado reducido en algunas partes a un pequeño canal donde aún fluye el agua, como si fuera una alcantarilla.

Pero, además, haciendo un ejercicio de obscenidad e impudor, se improvisan carriles de circulación que se superponen a las obras y gran parte del flujo automotor todavía convive con ellas. Esta connivencia es absolutamente impráctica desde el punto de vista vial, pero, no desde el estratégico, ya que la ciudad "sigue funcionando" aunque de manera pésima y menos aún desde el punto de vista simbólico. La estrategia que se ha llevado a cabo es la de hacer convivir a los habitantes con las obras que le ocasionan infinidades de problemas, con el accidente, con la dificultad, con la agresión. Someterse al victimario de una manera natural, experiencia que no es ajena al sentir popular ni a la experiencia social e histórica de casi cualquier nación.

Las obras no pueden detenerse: hay que encajarlas en el calendario electoral. Razón por la cual se han programado tres turnos rotativos de 8 horas de trabajo durante las 24 horas. Muchos sindicatos han denunciado que los turnos son, en realidad, dos de 12 horas, y aseguran que es la causa de una serie de accidentes laborales.

Este es un problema que tiene otro origen, pero, da una idea de la fiebre que rodea a esta intervención. El asunto que nos ocupa es que los vecinos próximos a la gran arteria (que en algunas zonas son muy numerosos) no pueden conciliar el sueño y viven protegiéndose del polvo y de los ruidos.

Tal vez la imagen que más le hace justicia sucedió hace pocos días. Una vez al año se celebra la *Fiesta de la Trashumancia* que revive el milenario ritual de las migraciones de ganado. Existe una figura legal muy antigua las Cañadas Reales. Se trata de vías pecuarias oficiales, instituidas desde el siglo XIV para ordenar el itinerario de los grandes rebaños señalando los pasos que comunican las zonas de pastos veraniegas en el norte con las de pastos invernales en el sur. Desde hace algunos años, en el mes de noviembre, aproximadamente un millar de ovejas con sus pastores rememoran uno de los pasos más tradicionales que cruzaba por el centro de la ciudad de Madrid. Esta cañada pasa por la mismísima Puerta del Sol y siempre ha sido una curiosa imagen más, donde lo arcaico le recuerda a la ciudad moderna que todavía alberga en su seno surcos y huellas secretas que en apariencia han desaparecido. Pero, este año las ovejas se han visto enfrentadas a una M-30 levantada. No sólo estuvieron retenidas casi una semana en la Casa de Campo, sino que nos han dejado en los noticieros y en la primera plana del diario de mayor tirada, las mejores imágenes, casi surrealistas, de lo que padecen cotidianamente de manera menos evidente, los ciudadanos. Metidas en laberintos, las ovejas, pisando tablas no querían avanzar, muchas de ellas quedaban atrapadas entre los barrotes de las vallas como si hubieran caído en una trampa. No, ni siquiera las ovejas han podido sustraerse a este exorcismo de pico y pala.

Por supuesto que es una reducción maniquea, nadie critica que se hagan obras en una ciudad, si no qué obras se hacen, su oportunidad y cómo se hacen. Pero, en medio del aturdimiento general se acepta una explicación como *agua de Mayo*, como una bendición, una limosna. El ayuntamiento vende a sus vecinos conciencia de lo que está haciendo, una conciencia transhistórica.

La imagen es una máquina de reducción del espacio social y personal del que ve.

Los escenarios cotidianos son una buena analogía para entender frustraciones y padecimientos. Podemos extrapolar nuestras sensaciones a aquellas personas con alguna discapacidad física cuando se encuentran con un espacio que los excluye, que los fuerza por encima de sus posibilidades, que los convence de que se está trabajando por ellos. No es tan decisiva la barrera en sí, sino todos los presupuestos que esas barreras llevan implícitos, fundamentalmente, el que en ningún momento se ha pensado en nosotros. Esta constatación, por lo menos para nosotros, cuando nos referimos a este tipo de barreras, es la que nos resulta más indignante, más allá de la dificultad en sí, que es coyuntural. En estas operaciones no sólo no disponemos de un espacio accesible, sino sencillamente que no tenemos espacio, que no lo hay.

La aprehensión del espacio en términos simbólicos o, más primariamente aún, afectivos no sólo nos facilita su uso sino que, además, nos da cobijo. Entonces, las ciudades son un relato de ellas mismas. Nos hace pertenecer a un lugar y nos garantiza el reconocimiento en la continuidad. Esto induce a la ilusión de la estabilidad y nuestra vida como relato se convierte en un mausoleo.

Las intervenciones urbanas, tampoco escapan a esta doble naturaleza.[38] Sólo que ambos procesos se someten a la urgencia y al decreto. Promueven una verdadera crisis en el sentido que tiene el vocablo para los chinos, el *wei-chi*: oportunidad-riesgo.

Perderse en la ciudad requiere aprendizaje, o re-aprendizaje. Perderla también.

El imaginario social e histórico
en el espacio urbano y el espacio accesible

Se podría escribir un inventario de episodios minúsculos relacionados con los elementos y los procedimientos que utilizamos casi de manera automática para orientarnos en un espacio ajeno.

La primera disminución es **la pérdida del sentido del paralelismo**: es común que para hacer un recorrido nuevo y conocer más sigamos una calle en apariencia paralela a la que nos conduce al lugar de destino. Ambas calles empiezan paralelas, pero, nada nos garantiza que se mantengan así salvo en nuestro imaginario cultural configurado cartesianamente. Al llegar a la encrucijada que nos devolvería a la calle paralela descubrimos que ésta ha desaparecido y con ella el sitio que "debería estar ahí".

La frase "vamos por aquí" como alterativa de recorrido puede llevarnos a cualquier parte, menos a la deseada. Aunque en el fondo sabemos que no guardan una relación de paralelismo, seguimos confiando en que la desviación no puede ser tanta.

Las vías se van "abriendo".

Las encrucijadas, es decir, las calles que las conectan, tampoco guardan asimismo una relación ortogonal, con lo cual los puntos cardinales se enredan aún más. La plaza o iglesia que buscábamos sigue estando del otro lado, pero, su posición es indeterminada.

La sensación de estar dando vueltas a un mismo lugar o de seguir un fondo de la calle que nos lleva a un sitio sin salida es que alguien, uno o la ciudad que pisa, no debe haber hecho bien los deberes. Cuando ya abandonada la empresa por fatiga, encontramos por azar la iglesia o la plaza que buscábamos y decimos "*¿dónde te habías metido?*" nos descubrimos en una especie de paradoja por la que animizamos a los objetos cuando en realidad esa pregunta está dirigida a nosotros. Y, la respuesta podría ser: "estaba metido en mi mundo cartesiano imaginario".

Este efecto es el que todas las guías turísticas y los estudios valoran cuando hablan de sorpresa y de sensaciones "identitarias" haciendo una apología de la belleza de la "ciudad orgánica medieval". En un lúcido artículo que trata principalmente sobre la burocrática toponimia urbana de Buenos Aires, el arquitecto Sergio Zicovich Wilson, se detiene en particular sobre lo que respecta a las acusaciones de homogeneidad y monotonía de dicho trazado urbano, pone en crisis aquel concepto explotado comercialmente por los operadores turísticos respecto de la "sorpresa"[39] de la ciudad medieval y expone la flexibilidad y riqueza de opciones que propone un estructura de damero, como la que existe en las ciudades latinoamericanas (o en algunos ensanches europeos).[40]

Nos atrevemos a afirmar que la manera de recorrer del habitante de la ciudad medieval está menos condicionada por la conformación física de la ciudad que por la actitud sensorial-simbólica del habitante. O por lo menos es producto de una interacción entre ambas, sin poder decidir el principio. Los criados en una ciudad de damero tienen en su imaginación una sinopsis de ciudad, que ningún vecino natural de este tipo de ciudades "orgánicas" tiene, pues esta visión de conjunto no sería propia de personas de un tipo de espacio urbano que se fue formando de a trozos, de impulsos y, no por medio de una planificación. La lógica (la conciencia de ella) es propia porque "las ciudades son lógicas", pero la acusación de rutina o "tradición" es también una perspectiva nuestra, no es una experiencia de los habitantes de la ciudad antigua. No sienten la repetición que nosotros le vemos efectuar. En este sentido sí podríamos atribuirles un poco ligeramente una actitud "arcaica" respecto de este punto, ligada a la fuerte relación que guardan todavía con su mundo rural. Todos saben en España que la población de Madrid proviene de todos lados, es decir, de los pueblos y ciudades más pequeñas. Pero, esta actitud "arcaica" tiene más que ver con la perspectiva que delineó Mircea Eliade[41] (en el sentido de un horror por la historia, por el acontecer, una necesidad de vínculo con un arquetipo atemporal, con el acto genérico, siempre recomenzando) que con lo que nosotros llamamos, al verlos, *repetición*. Encuentran la variedad y la sorpresa de otra forma a como creemos. Es más, la variedad, la sorpresa, la incertidumbre no es ciertamente para ellos un signo de belleza, pero, tampoco es un problema, ni siquiera un valor. Cuando se los ve recorriendo su ciudad una y otra vez, es como si volvieran a cero. Nunca se orientan. Por más que resulte paradójico, no conservan demasiada memoria de lo que recorrieron de un día para el otro. La sensación que uno tiene es que no conocen en absoluto su ciudad. Ni que les interesa conocerla. Es muy normal que cada tanto se pierdan por la sencilla razón de que la conocen en un sentido muy diferente a como nosotros decimos conocer la nuestra. Podríamos aventurarnos a decir, exagerando, que siempre la están conociendo por primera vez, pero sin la menor curiosidad. Y esto último ya no creo que sea un efecto de la configuración. Perderse es parte del asunto y a veces parecen estar más desorientados que nosotros, que estamos con nuestro plano en la mano.

Para nosotros *el tiempo en la ciudad es una variable reducida, dinámica*, para ellos hay que apurarse, pero de tanto equivocarse van lentos. Y la puntualidad no es un problema. No es que no exista la puntualidad, lo que no existe es la impuntualidad. Para nosotros *la variable espacio se expresa en la extensión, en la variedad y en la multiplicación*. Para ellos todas estas variables son problemáticas y se expresa en la concentración y en lo definitivo, por eso cada vez que la ciudad debe crecer la operación resultante es la atomización de lo nuevo, difícil de integrar. Hay distancias que para nosotros son insignificantes y para ellos son una barrera infranqueable.

La segunda extrañeza que nos depara el habitar cotidiano, en este tipo de ciudades a las que no estamos habituados, es justamente **el concepto relativo de distancia**. Nuestro concepto de distancia es numérico, mensurable como lo es la organización de la ciudad. No es para nosotros motivo de detenimiento y nos permite rápidamente pasar a otra cosa. En este tipo de ciudades el concepto de distancia está necesariamente ligado a un relato, o como hemos mencionado más arriba a un tabú. Hay sitios vinculados con otros y otros desvinculados de manera definitiva sin mayor razón que la de alguna historia que muchas veces no tiene que ver con un aspecto físico. Plaza España y Sol están lejos aunque estén sólo a 1 km, Plaza Mayor y Sol son dos "sectores" distintos porque son dos hitos lo suficientemente identificados como para concebirse relacionados y, sin embargo, están a menos de 200 m.

Esto forma parte no sólo de un entorno sino también de una actitud. Es interesante ver qué pasa cuando examinamos las intervenciones actuales sobre la ciudad, sobre todo en relación con los medios de transporte y su impacto con el peatón.

Por una parte, la experiencia diferencial respecto de la distancia está también vinculada con algunos aspectos del funcionamiento masivo del peatón. El tipo particular de conformación urbana del casco antiguo ha generado veredas estrechas, vías reducidas e intrincadas y muchas bocacalles confluentes. Por otra parte, el número creciente de ciudadanos ha hecho del centro una aglomeración inevitable de personas a la manera de *shocks* (aparecen de golpe de la misma manera que se esfuman en las horas de la siesta), a tal punto que en determinados sitios, a determinadas horas se hace literalmente difícil circular a pie. Aquí, el choque entre transeúntes está perfectamente asumido.

Este aluvión de personas, a su vez, tiene que convivir con una masa de automóviles. Se suman dos multitudes en un espacio poco apto para el espacio del encuentro.

Algunas ciudades europeas han restringido el tránsito en estos cascos antiguos al servicio público y residentes. Otras directamente lo han cerrado.

Aquí no es el caso, salvo en calles muy señaladas. Esto genera una convivencia de máquina y peatón a nuestro modo de ver bastante promiscua, como lo es la de peatón con peatón en la vereda.

Finalmente, el tercer problema que hemos identificado entre aquellos que derivan de este tipo de funcionamiento arcaico de ciudad es el de *la comunicación*. Todo lo dicho hasta ahora termina por confirmarse en este peculiar desinterés por la información que ofrecen los carteles de las calles. En esta ocasión tampoco hay un sistema ni en su diseño, ni en su posición, ni en su existencia. El único criterio que podemos deducir es que los carteles están siempre colocados sobre el edificio, adosados a un muro, cuando no forman parte de él. Lo mismo ocurre obviamente con los números: todos son de tamaño y posición diferentes (y muchas veces cuesta encontrarlos) lo que sumado a todas las particularidades ya comentadas, dificulta aún más la ubicación. Al no estar normalizados, como pide cualquier sistema inteligente de señalización, la lectura se ralentiza en búsqueda de un elemento que siempre estará en un sitio distinto, que tendrá una forma propia, que no brilla ni por presencia ni por ausencia perdido, entre muchos otros.

En estos casos esta falta de información es una enorme barrera, por lo menos desde nuestra perspectiva. Pero, desde la propia no lo es tanto, ya que los habitantes no se suelen irritar por equivocarse a este respecto. A los sitios se llega por prueba y error. La orientación depende más de la pregunta y del relato del baquiano.

Podríamos abundar en todas las fallas de comunicación, vistas desde nuestra perspectiva, en la publicidad, en los folletos explicativos, en las empresas, en los contratos (que muchas veces todavía son de palabra, sobreentendidos al principio y malentendidos al final), lo mal referidos que están las distintas páginas de algunos mapas junto al desconocimiento que parecen profesar muchos ciudadanos de su ciudad, etc.

El mismo desprecio por el sentido de la planificación y de la coordinación, nos cuenta que evidentemente los criterios de orientación funcionan de manera completamente diferente, puesto que dicha orientación no se considera tan imprescindible. Estos códigos son *a*-lógicos, sin *logos*, o mejor dicho analógicos.

Espacio accesible: una definición a ampliar permanentemente

Es el individuo el que se ha convertido en el paradigma del minusválido. Es al individuo al que se ataca en toda discriminación, en toda minusvalía, aunque nos quieran hacer creer lo contrario.

Mientras los mensajeros, los acompañantes y operadores hacen lo que pueden, algunos sumándose a la miopía otros mitigándola, **el concepto de accesibilidad** debería cuestionarse o por lo menos completarse. Mientras sigamos considerando al espacio meramente como un bien de uso, estaremos sometidos a las leyes de la utilidad. Y estas se rigen más por los presupuestos y objetivos de la sociedad que por las circunstancias particulares de los individuos, aunque a veces parezcan coincidir.

En el enfoque funcional aislado algo no funcionará. La línea de trabajo es matizar y determinar mejor todos los supuestos y desarrollar las circunstancias que promueve el adjetivo verbal "accesible".

La ambigüedad del término está bien planteada, es muy productiva: su desarrollo queda abierto. Es justamente nuestra tarea tratar de ir completándolo permanentemente. En lo "accesible" están sedimentados todos los presupuestos y proyectos de la cultura correspondiente y es en definitiva nuestro marco de acción; pero a su vez nuestra actividad tendrá consecuencias en su amplitud.

Para ello debemos formular bien las preguntas y en el orden correcto.

En primer lugar acceder a qué y recién luego adónde. Si no, el árbol no nos dejará ver el bosque. Cuál es el horizonte que hemos establecido como "lugar" nos permitirá evaluar mejor el problema de las actuaciones. Sobre ese lugar hay mucho que decir y mucho que discutir. Ese lugar hipotético y tan valorado puede tener muchos rincones inútiles, otros oscuros, otros imposibles.

Recién entonces podremos preguntarnos por el espacio. La experiencia sensible de éste es polisensorial: táctil, auditiva, en menor medida olfativa pero, sobre todo, en nuestra civilización es hegemónicamente cinética y visual. Es difícil preguntarse por el espacio sin que inmediatamente tengamos una imagen visual (por lo tanto, reducida y convencional) y sin que indisolublemente lo consideremos hipotéticamente transitable.

El espacio vacío es difícil de imaginar. Toda nuestra sensibilidad, nuestra conciencia, nuestro pensamiento parece desmentirlo. Esa zona o grado cero de un territorio sólo lo podemos concebir en términos de *destierro*.

El espacio inaccesible no sería tanto aquel en el que no estamos, sino aquel en el que no somos. El espacio, pues, está ligado intrínsecamente a su accesibilidad, tanto en un sentido especulativo como práctico. La imagen presupone y promueve a la vez una "comprensión" que se alimenta del recorrido, una aventura que siempre se convierte en íntima. De esto deriva una especie de espacio afectivo que tiene que ver con lo que consideramos el espacio de uno mismo y que está relacionado con una horma de vida que no estamos dispuestos, en la mayoría de los casos, a transformar. Es nuestro ya mentado "coto de caza", el territorio familiar, aquello de lo que nos apropiamos. Para encajar en él algunas personas deben hacer enormes esfuerzos, llegando incluso a deformarse a sí mismos. Para salir de él se necesita una extremada confianza en el misterio. Más allá de los espacios que alcanzamos a dominar, para todas las demás situaciones en que esos sitios (u objetos) son desconocidos para nosotros, los espacios se convierten en espacios amigos o enemigos. Dependerá de las posibilidades de intercambio que ofrezcan o del prejuicio que arrojen sobre nosotros. El misterio, a veces tiene la misma cara que la indiferencia, pero es exactamente lo contrario.

No todo lugar vedado es inaccesible, ni todo lugar transitable es accesible. Incide en gran medida la posibilidad de entenderlo, de comprenderlo; por decirlo de una manera sintética, del grado de apertura, de su flexibilidad, de su capacidad de integración, de su cortesía. También incide el *cómo* podemos formar parte de él y cuál es el precio que debemos pagar para acceder a él. La sensación de claustrofobia en el caos de tiendas de Fez no será exactamente la misma que en la del Corte Inglés. En este último, la falta de claridad para encontrar una salida es justamente una estrategia de mercado para que la gente se quede demorada en la tienda. Quien no disfrute de la compra no se lo perdonará, porque en Fez te sientes perdido, pero aquí te sientes un rehén ex profeso: alguien ha pensado demasiado en ti, pero de manera reducida, en un *tú* que te resulta insultante. Y lo peor es que se destinan para ello una infinidad de medios, con fines reducidos. Uno sabe que el espacio es más grande, pero, te lo niegan. Estaríamos en este caso en el nivel del prejuicio (y precondena): sólo eres alguien que compra.

Cuando las tallas te quedan todas grandes (como en el caso de los hombres) o todas pequeñas (como en el caso de las mujeres) sientes que tu cuerpo no está inscrito en el espacio social. Aquí estamos en el nivel de la indiferencia.

Cuando además los precios están descaradamente por encima de lo que sueles poder gastar completamos el círculo con la exclusión. En este ejemplo frívolo podemos evaluar los diferentes grados y matices de accesibilidad que están sedimentados en objetos y prácticas sociales con repercusiones en nuestra inscripción en un espacio comunitario. Las tiendas operan como una especie de maquinaria que nos va quitando capa a capa nuestras dimensiones. Pero existen situaciones más críticas.

El Diario *ADN* de Madrid, un periódico de distribución gratuita[42] publicó una nota sobre cómo se desplaza un discapacitado motriz con su silla de ruedas por el metro de Madrid. La adaptación para la silla es todavía insuficiente, pero se está trabajando en esa dirección. Su movilidad por el metro depende de los ascensores y de rampas que salven el espacio entre coche y andén, pero estas innovaciones no están funcionando en toda la red. Cuando un ascensor no funciona o no hay rampa "siempre hay alguien dispuesto a echar una mano". Lo que resalta la nota es cómo las personas han aprendido a hacer equilibrio y a desplazarse por las escaleras mecánicas:

> Para subir coloca las ruedas delanteras de la silla en un escalón y las traseras en el anterior. Se agarra al pasamanos y hasta arriba. Para bajar, la misma operación pero de espaldas. Es más fácil.

Es índice de una innata capacidad de adaptación. Aunque también tiene que ver con la posibilidad de vislumbrar un horizonte que va en dirección de estar *comprendido*.

La accesibilidad es posible y será cuestión de recursos, tiempo y lucha. Pero, tiene una imagen de ello, una imagen transitable. Tal vez es una sobreinterpretación, aunque creemos que en esto se apoya en gran parte ese plus de voluntad.

La movilidad en el espacio todavía está demasiado atada a la noción de desplazamiento, por una cuestión obvia: la necesidad de circulación, de integrarse en el *fluir*. Sin embargo, existen muchos otros parámetros creadores de espacio, que lo condicionan.

Todo lo que venimos tratando se reduce a la accesibilidad a nivel del suelo. Menos considerado es el problema de la altura. Mejor dicho, el problema de la altura está tratado solamente en relación con un aspecto, a un concepto de accesibilidad reducido: una altura fija, una medida. El problema de la altura que deben tener los servicios, como los artefactos de los baños o los cajeros automáticos y, en general, todo el espacio de interacción está enfocado desde la perspectiva de la silla, que conforma definitivamente una altura institucional del problema. No conocemos estudios que hayan discutido o relativizado esa medida.

Gran parte de las exclusiones e indiferencias se plantean alrededor de esta diferencia de alturas. Todo el mundo está de acuerdo en que deben existir dobles medidas para los servicios. Pero, a nadie se le ocurriría lo mismo para la barra de un bar. Tal vez en Buenos Aires esto no sería un problema, habida cuenta que el evento social del bar discurre alrededor de una mesa, pero en Madrid todo ocurre en la alineación a partir de la barra. Son ejemplos, pero justamente en los ejemplos particulares es en donde habitamos. Y es precisamente en el ocio, en los lugares digresivos, donde mejor se ve la falta de integración. Esto habla de cuáles son las prioridades sociales, tal vez demasiado lejos de las necesidades individuales. No obstante, esto aún es un tema menor. Uno puede imaginarse y ver, en una barra, un nutrido grupo de personas compartiendo espacio con una persona en silla de ruedas.

¿A nadie se le ha ocurrido pensar la flagrante diferencia que se genera en la altura de miradas? Me atrevo a decir, que este factor, este aspecto, el de la *mirada*, habida cuenta del peso que tiene en nuestra civilización, es de los más decisivos en el plano de las discriminaciones. La mirada define virtualmente un posicionamiento en el cosmos y está cargada de significaciones secundarias. Es uno de nuestros más recurridos recursos para situarnos en un orden que es muy difícil discutir. Descubrir una perspectiva emancipada de la mirada fenoménica lleva mucho trabajo evolutivo.

La mirada, todavía tiene enormes consecuencias en la percepción que tenemos del mundo unos y otros. Y este posicionamiento nos coloca en una serie de ventajas simbólicas que no hace falta detallar: los miramos desde arriba y nos miran desde abajo. ¿Existe un aspecto en el que estemos más desproporcionados? Para poder mirarnos a la cara frente a frente (y la frase inequívocamente evoca dos rostros alineados a la altura de los ojos) debemos tener la cortesía de colocarnos a su altura. En eso no les queda más orgullo que el saber esperar. La experiencia de las miradas en contrapicado nos remite a la cosmovisión de la infancia, de ahí el partido que ha sacado la planificación cinematográfica para crear dominancias y engrandecimientos y viceversa.

No conocemos las razones instrumentales que han hecho de la silla, la *herramienta-espacio* universalmente idónea para resolver el problema de la movilidad. Sólo podemos evaluar que junto a la solución que provee, porta como un virus una flagrante mutilación en un bien perceptivo cultural tan importante como es el factor de la mirada. La accesibilidad en la dimensión cinética se realiza a cambio del empequeñecimiento simbólico de la persona. Un niño o un enano no son seres "empequeñecidos" simbólicamente, son de estatura pequeña. Y su particular perspectiva no proviene de una discapacidad motriz.

En su caso la adaptación de los objetos y espacios estará ligada a su mayor o menor aceptación social. En el caso que estamos tratando se está pagando un precio, tal vez demasiado alto por la discapacidad, lo que hace que la discapacidad se valorice. No podemos dejar de pensar en que la silla justamente refuerza la idea de que no se tiene piernas. Congela esa imposibilidad. Pero, las piernas no son sólo para caminar. Siempre se dice con orgullo que uno de los pasos siderales evolutivos que ha dado el hombre en su conformación como tal, ha sido justamente el haber podido erguirse. Ponerse de pie. Por otra parte, lo que mueve a la persona, no es la silla, sino las ruedas. Dicho todo esto: ¿no puede inventarse un objeto mejor? ¿Un objeto que entre sus objetivos, intente devolver la altura de miradas, la perspectiva que dicha discapacidad le quitó? No sólo muchos servicios estarían a su alcance sin necesidad de hacer una adaptación especial, sino que estarían a la misma altura que el espacio de los demás.

Hemos oído hablar de sistemas de piernas inteligentes, pero con dispares resultados y por supuesto con costos prohibitivos.

De un tiempo a esta parte han empezado a aparecer por Madrid unos novedosos aparatos de transporte, basados en la idea del monopatín. Se trata de un volante erguido con dos ruedas y una plataforma, que se desplaza electromecánicamente y que se utiliza para hacer publicidades de sí mismo. Un invento bastante banal, pero, al verlos la asociación con la silla fue inmediata, pensamos por qué la misma silla no puede ser más alta.

Imaginemos por un momento a un discapacitado a la altura de los demás, este cambio de perspectiva y todo lo que se desprendería de elevar el plano físico al nivel de las relaciones humanas. Podríamos mirarnos a los ojos frente a frente sin que ninguno se sintiera artificialmente reducido. Por lo menos, dicha discapacidad no cargaría con esa culpa. Ya bastante tienen con todas las dificultades que infringe para hacerse cargo de una más.

El espacio, al fin y al cabo, es una herramienta, un medio y debería ser concebido como tal. Asimismo, cualquier objeto, la herramienta misma, no sólo el espacio al que ésta nos permite acceder, está hecha de espacio. El diseño que configura esa herramienta es un entrecruzamiento de experiencias, un escenario. Cuando nos obsesionamos con la herramienta, estamos obsesionados en realidad con los fines. Y la herramienta se convierte en un fetiche. Ya hemos visto como en muchos casos se pretende suplantar con el diseño la creciente falta de solidaridad y cómo huelga mencionar su fracaso. Examinado cómo en nombre de una justa emancipación se esconde el proyecto de un administrativo abandono.

Y, visto cuanto diseño se ha usado para atender a la burocracia. Los objetos y la misma tecnología están diseñados y utilizados para relevarnos y eximirnos de responsabilidades humanas indelegables. Se intenta que nadie tenga que ocuparse del otro. A través del fetiche social de la autonomía se trabaja secretamente, para la soledad, que está agazapada, que es el contexto y el presupuesto de toda urbe. Así deja de ser un efecto y se muestra como realmente es: *un programa.*

El espacio es también el mundo de lo posible. Quien en el contexto actual contemporáneo nunca haya visto o utilizado un baño o el agua corriente, no los echará en falta, pero los problemas que se puedan derivar de la falta de higiene y de salubridad serán una frontera invisible. Jamás intentarán cruzarla. Pero, bastará que se instale uno solo para que ese espacio se amplíe. Uno hace las veces potenciales de todos. La sola idea del agua corriente, el saber de su existencia, aunque sea en un sentido paradójico, será reparadora. Esto ha pasado aquí en los pueblos, no hace mucho tiempo, cuando la construcción de un primer servicio era un acontecimiento social aunque lo disfrutara sólo uno.

Nunca valoramos lo suficiente la cantidad de sueños y promesas que nos permiten vivir en un horizonte mejor que el suelo que tenemos bajo nuestros pies.

La mayor barrera conocida para un individuo o para una sociedad es **la falta de sueños**. Y, sin embargo, a través del modelo social que nos imponemos, al pretender administrarlos, al intentar aprovechar para su proyecto esta capacidad humana innata, nos quitamos cada vez más espacio. Luego, somos menos capaces y libres aún que el propio modelo que criticamos.

Tal vez dependemos menos de las dimensiones físicas que de las imaginarias no porque nos refugiemos en una ilusión, sino porque al fin y al cabo la imagen es también un instrumento de registro y, por lo tanto, siempre estará disponible para capturar una realidad que es más amplia que la conocida hasta hoy, una realidad donde hay muchos más espacios por descubrir.

Conclusiones

El proceso sensorial y perceptible para hacerse con un lugar, para hacer de él un espacio accesible, puede ser un manual sumario de aquellas condiciones que debemos considerar cuando operamos o definimos un objeto para el uso de la persona. Cada uno hará su inventario para intentar comprender desde donde habla o es hablado.

Lo que debemos aceptar es que un espacio por mejor construido que esté, por más accesible que se haya podido pensar, siempre planteará al usuario, en tanto persona, una primera dificultad (que está en ella) la del reconocimiento. El espacio debe ser accesible para ese tiempo de aprendizaje y de estudio también. Abandonar la fantasía de plena eficacia y de inmediatez.

Aceptar que la respuesta siempre dejará una parte por resolver y que habrá herramientas mejores.

Por otra parte, se debe tener una mayor curiosidad por los fenómenos y menos por el atajo que significa toda respuesta. El ejercicio de "ponerse en lugar del otro" es uno de los procedimientos más sencillos y evidentes. El laboratorio es nuestro propio habitar habida cuenta de que los que tenemos discapacidades menos determinantes somos bombardeados, moldeados y acorralados también por barreras físicas y no físicas. Estas últimas son, sobre todo, las que padecemos de manera compartida. Toda esta gran alegoría sobre las barreras urbanas ha intentado hacer de marco al problema más específico de la accesibilidad. Pero, la idea es que existe realmente un *continuo* de experiencias del habitar que generan diferentes niveles de discapacidad y que cada grado tiene su figura. En cada uno de los artefactos y dispositivos podemos rastrear ese punto en que la perspectiva compartida, "el ponerse en lugar de", ha sido abandonada. **Cada error en el diseño es una frustración concreta para el usuario**. Y si hablamos de solventar barreras a las minusvalías, cada error es un castigo. Justamente por esta razón, es este tipo de usuarios el que más desarrollado tiene un sentido especial para detectar estas carencias. Su percepción y opinión es fundamental.

La tendencia ideológica predominante apunta cada vez más a negar su tragedia. A negar todas las tragedias en general. Tal vez estamos en una época antitrágica. Esa cosmovisión del mundo ha sido suplantada. En las representaciones áticas se intentaba hacer revivir el conflicto de los mitos, la diferencia de ritmo y escala entre hombres y dioses, en una medida proporcionada a la relación de ciudadano y la *polis*. Era un dispositivo reflexivo, pero, nunca indiferente. Todo lo contrario, intentaba involucrar al ciudadano haciéndolo participar de manera responsable, con sus emociones, a través de sus interlocutores en la escena. Esto tenía un valor social de primer orden y conservaba por ende su raíz ritual. Sin embargo, hemos adoptado una visión sinóptica, impropia de nuestra perspectiva, una omnisciencia más propia de la novela burguesa que, aunque ya superada incluso en la propia literatura, sigue funcionando en las prácticas significantes en general y está relacionada con el cómo nos mira el modelo social. El modelo trágico ha sido relegado al entretenimiento mientras nuestro propio modelo social adopta las señas del mundo divino: inmortal, indiferente, caprichoso. Como en las tragedias, en nuestro escenario social toda inadecuación que se padece, toda *hybris*, está nivelada por una realidad incontestable. El espectador ha sido engullido por el apego masivo a una de las fuerzas del conflicto.

Tenemos pues, un terror sordo. Por eso cada vez que nos encontramos frente a la minusvalía, a la discapacidad, a la disfuncionalidad (no podemos evitar el prefijo negativo) tratamos de incorporarla a nuestro paisaje. Nos generan horror. Esto hay que decirlo: la mayor parte de las estrategias de integración no están hechas por ellos ni para ellos, sino para tranquilizarnos a nosotros. Deben encajar en la imagen, en la fotografía de familia, como la pieza de un *puzzle*.

Toda discriminación, activa o pasiva es un nudo de la trama que llamamos *realidad* y desatarlo implica socavarla, denunciar su configuración. Detrás de nuestra obsesión por la accesibilidad puede esconderse una estrategia adaptativa que busca que todo nos confirme dicha configuración. El grado de sutileza que le demos al término nos dará la pauta de nuestras verdaderas intenciones. Y de nuestra valentía.

El arquitecto y el diseñador, lo diremos una vez más, son quienes tienen a su cargo desatar en parte esos nudos, y deben poder imaginar, que algún día, cuando toda la madeja esté extendida, ellos ya no sean necesarios. Si trabaja para su propia disolución, estará bien orientado y disolverá barreras mucho mejor. Mientras, el diseño, la construcción de espacios, es el estigma, el índice, la huella, el síntoma de la distancia, un punto en el camino desde la configuración a la solución que será siempre hipotética. En cada intento se fracasa, en cada fracaso se comprende una nueva dimensión de la precariedad y se abre una nueva aventura. El error es su material privilegiado:

Ser artista es fracasar como nadie osa fracasar.

BECKETT, Samuel. *Disjecta.*[43]

El buen creador, como el buen operador, no puede escapar de ese destino del artista. El ser humano cabal, tampoco. La opción humana depende del ejercicio y la técnica espiritual. En este sentido cada intervención necesita de práctica, de instructores, de debate. Más laboratorio, más espectáculo, implicación y exposición. Para eso hay que ir acercándonos a crear otro tipo de espacio: *el comunitario*. Sin éste, el otro (el físico) jamás será accesible. Preparar a las personas en esta dirección no requiere ningún gasto económico extra, ya que esa inversión ya está hecha, mal o bien, en la infraestructura del sector educativo y desde ya tiene una mayor rentabilidad espiritual. Aquí volvemos al punto de sugerir, por un principio de economía, la solución por medio del factor humano: ¿y si esa máquina extraordinaria que tan afanosamente buscamos fuese el tan prometido "hombre nuevo"? Una tecnología sin materia hecha del sueño de una responsable y querida solidaridad. Se trataría también de un pequeño paso para un hombre y un gran paso para la humanidad.

La cita del principio de este ensayo tiene doble validez. La destrucción del medio ambiente se verifica paso a paso, pero la solución se opera al nivel simbólico.

Mal visto, mal dicho, mal dicho mal hecho.

La vía para el diseño del espacio accesible y sus artefactos (y del diseño en general) deberá afrontar estos nuevos parámetros de los que huyó hace un tiempo con desmesurada confianza, cuando todavía no había terminado de conocer el camino que quedaba por desandar.

El recurso humano se hace cada vez más decisivo para el refinamiento tecnológico. La revolución en la medicina (una ciencia que muchos dicen que acaba de empezar), como lo de las células madre o el genoma, está yendo por ese camino.

En la antropomorfización de las máquinas no veo más que un intento de volver al hombre con energías renovadas. Lo que ellas hacen por nosotros es una puesta en escena de nuestras capacidades futuras, que las harán prescindibles como unas queridas muletas, que irán a parar al desuso.

Cómo se darán esos pasos todavía no lo sabemos. Todos los días ensayamos con dispar resultado esa alquimia, por no decir con un permanente fracaso.

De la misma manera que no sabemos cómo accedió el hombre a lo simbólico, podemos esperar que un día esas capacidades broten. Mientras tenemos que seguir trabajando. Si no sabemos cómo se ha producido un acto tan
sideral, el hecho entre los hechos de la humanidad, el paso entre los pasos,
¿cómo podemos desconfiar del futuro?, ¿en base a qué certeza? Si el
momento de tal acceso a la conciencia se ha perdido en el inconsciente, si
experimentamos permanentemente esa pérdida todos los días, si podemos
decirlo, pero, no podemos contar cómo ocurre, cuando lo sepamos ¿dejaremos de ser hombres? Todo lo que hemos hecho y lo que se ha movido en el
mundo desde nuestra perspectiva han sido actos de fe.
Los ejemplos citados han tratado de ser la instantánea de un proceso que
se está empezando a gestar, de cómo una savia nueva está orientando los
problemas y soluciones del diseño a las necesidades específicas del habitar,
sea en términos generales como en los grados límite de las minusvalías.
Seguimos todavía en la vieja dicotomía entre naturaleza e historia, ecología e industria, razón o mito.
"Todavía nos queda mucho tiempo para llegar al oro".

NOTAS

[36] Los dioses griegos habían condenado a Sísifo a subir por la misma pendiente empujando sin cesar una roca hasta la cima de una montaña durante toda la eternidad, desde donde ésta caía cuesta abajo por su propio peso. La idea que ronda este mito es que no existe castigo más terrible que el trabajo inútil y sin esperanza.

[37] BENJAMIN, Walter. *Discursos Interrumpidos I, Experiencia y Pobreza.* Madrid: Taurus, 1987.

[38] "Las ciudades levantadas por **los modernos** son también 'topografías míticas' movidas simultáneamente por la fascinación y el desencanto, máquinas que seducen con interminables promesas frecuentemente incumplidas. Los territorios citadinos están unidos por un hilo civilizatorio que se proyecta en el tiempo, pero se distinguen en la sociedad burguesa por su estado siempre provisional".
Como señala Sergio Raúl Arroyo en una crítica al *Libro de los Pasajes* de Benjamin (marzo de 2006).

[39] "[...] La sorpresa, en las ciudades 'orgánicas', se va extinguiendo con la frecuentación. En efecto, en esas tramas viales más arbóreas que reticulares, intentar caminos alternativos o retomar 'en el próximo cruce' cuando nos pasamos de un desvío obligado puede forzarnos a transitar distancias adicionales proporcionalmente enormes con respecto al recorrido previsto o usual. En esas 'sorprendentes' ciudades, los ciudadanos terminan optando (en el día a día) por los recorridos punto a punto, la ruta/rutina (elocuente etimología), la repetición que, al poco tiempo, vuelve previsible cualquier experiencia, por más compleja que haya sido en su comienzo. Por el contrario, las 'aburridas' cuadrículas admiten variados recorridos en 'zigzag', transitando caminos alternativos y de longitud equivalente por el simple recurso combinatorio. Incluso (por módicos 200 ó 300 m adicionales) arribar a una esquina, plaza o monumento desde distintos puntos de vista, permitiendo una renovación de la experiencia perceptual y estética de la ciudad hasta para el más baqueano. Quizás, justamente, para él antes que para el turista [...]".

ARROYO, Sergio y ZICOVICH, Wilson. "Nombre, sitio, patrimonio", en *Summa+*. Buenos Aires: febrero de 2005, N° 71. Publicación periódica.

[40] "[...] De hecho, esa cuadrícula originaria, directriz, no ha sido una barrera sino, más bien, el soporte permanente sobre el que se desarrolló una heterogeneidad extraordinaria que la ha transformado en una de las ciudades con mayor 'personalidad'. Pero, la toponimia no acompañó ese proceso histórico de heterogenización y eso parece obedecer a razones que van más allá de determinaciones congénitas supuestamente irreversibles [...]". ARROYO, Sergio y ZICOVICH, Wilson. *Op. cit., supra* nota 38.

[41] MIRCEA, Eliade. *El mito del eterno retorno.* Madrid: Alianza Editorial, 2003.

[42] *Diario ADN.* Madrid: Año I, N° 155, jueves 16 de noviembre 2006. Brinda los siguientes datos: "123 estaciones de las 198 que hay no están adaptadas a discapacitados, según Metro. El 73% carecerá de barreras arquitectónicas cuando acabe la ampliación de 2007".

[43] BECKETT, Samuel. *Disjecta.* Citado en CERRATO, Laura. *Génesis de la poética de Samuel Beckett.* Buenos Aires: Fondo de Cultura Económica, 1999.

GALERÍA FOTOGRÁFICA
Ciudad de Buenos Aires (Argentina)

Fig. Nº 1: "Te vendo un buzón". Intersección de la Av. San Juan en el barrio de Boedo. Junto a dos íconos de la ciudad de Buenos Aires: el taxi y el buzón, se encuentra una rampa deteriorada hasta su destrucción. Mención en el concurso "Rompiendo Barreras" (2006), organizado por el Gobierno de la ciudad de Buenos Aires, Federación Argentina de Fotógrafos y Cruz Roja Argentina.

Fig. Nº 2: "Oscuro tránsito a la muerte". Mención en el concurso "Rompiendo Barreras" (2006). Pasillo Hospital de Clínicas, ciudad de Buenos Aires.

Fig. N° 3: Hospital de Clínicas, ciudad de Buenos Aires. Pasillos de distribución del piso correspondiente a Terapia Intensiva Pediátrica y Cardiología.

Fig. N° 4: Entrada principal del Banco de la Nación Argentina, en el barrio de la Boca.

Fig. N° 5: "Nunca hiciste nada por la Boca".
Mención en el concurso "Rompiendo Barreras" (2006). Barrio de la Boca.

Fig. Nº 6: Entrada principal del Centro de Salud y Acción Comunitario, en el barrio de la Boca. De la pretensión de resolver los aspectos legales y accesibles del ingreso resulta una tortuosa manera de resolver la rampa de acceso para discapacitados.

Fig. Nº 7: Acceso principal del Hospital Municipal de Odontología Infantil,
ubicado en Vuelta de Rocha (barrio de la Boca). Parodia de rampa y venta de revistas al paso.
Improvisación estructural entre los desperdicios.

Fig. Nº 8: Acceso principal del Hospital Municipal de Odontología Infantil,
ubicado en Vuelta de Rocha (barrio de la Boca). Parodia de rampa y venta de revistas al paso.
Improvisación estructural entre los desperdicios.

Fig. Nº 9: "Carrera de obstáculos". Caminito, barrio de la Boca. La fragua paradójica
de la ciudad dio en llamar Caminito a este sitio emblemático y turístico
de la ciudad de Buenos Aires, donde el acceso simplemente se encuentra obstruido.

Fig. Nº 10: Rampa panorámica, ubicada en Vuelta de Rocha (barrio de la Boca). Acceso a embarcaderos y paseo de la ribera. Al fondo, el Puente Nicolás Avellaneda.

Fig. Nº 11: "Los niños tristes", Plaza correspondiente a Lugano I y II, sur de la ciudad de Buenos Aires. Junto al estado de abandono y los pajonales que traen potenciales problemas sanitarios, el sol en plena hora de la tarde gira detrás de uno de los edificios, arrojando su sombra ¿Qué sublime diseñador habrá imaginado una plaza en sombras, disponiendo este sector de la ciudad al momento de su construcción y, aún hoy, de extensos predios vacíos?
Al respecto, una breve mención del imaginario de estos vecinos sobre los espacios públicos y los predios recreativos que la ciudad diseña para ellos: el Parque Interamericano, de reciente construcción y remoción, a escasas cuadras de este complejo habitacional, murmura la versión popular que fue rellenado y "saneado" con desechos tóxicos y patológicos (proveniente de los hospitales) ¿Mito urbano o síntoma preciso de la relación problemática entre políticas de promoción social y salud? Los "agentes de salud" parecen encarnar aquí los aspectos retaliativos de una cultura y una trama social agazapada, presta a atacar, intoxicar, matar.

Figs. N° 12 y 13: Lugano I y II, paradigma de la inaccesibilidad. Acceso a edificios y paseos de compra. Los locales comerciales se encuentran "suspendidos" en el primer piso a nivel. El único modo de acceder es por las escaleras exteriores o ingresando a los

edificios y sus consecuentes ascensores (para las personas que no puedan hacerlo de otro modo) ¡qué son de uso estrictamente privado y se encuentran resguardados bajo la llave de los propietarios!

Fig. N° 14: Estación Terminal del Premetro (complejo habitacional) Lugano I y II: acceso a vehículos, paradigma del diseño inaccesible. Observen solamente la alzada de los escalones de ingreso. Una vez arriba, usted tiene que haber practicado coreografías de danza para girar a 90° sobre su propio eje corporal y acceder al pasillo de distribución. Pero, no se preocupe, a partir de allí el movimiento continuo lo provee la empresa.

Una consideración análoga podemos hacer al respecto del transporte público de colectivos en la ciudad de Buenos Aires, que prevee una dotación de unidades accesibles para discapacitados con un carrozado denominado "super bajo". Imaginarán ustedes que la frecuencia de este servicio nunca se respeta, del mismo modo que la rampa mecánica de la que dispone la unidad que, por lo general, no funciona o es tan lenta como ineficiente. Pero, cuando usted consigue ingresar, queda aún un hermoso regalo comunitario: aquellos amables pasajeros que de manera solidaria se desplacen hacia el fondo del vehículo encontrarán que el pasillo, además de estrecho, se encuentra en un confortable ¡plano inclinado! (para resolver los desfasajes de diseño entre un ingreso "super bajo" y la alzada de los neumáticos). Si usted viaja al centro de una ciudad cada vez más congestionada en relación de los flujos de tránsito, tendrá al respecto una reflexión adicional: colectivos "super grandes" que prácticamente no pueden girar en las esquinas y no pueden maniobrar entre el tránsito, todo en pos de una distribución del rédito para las empresas de transporte que, de este modo, eligen conglomerar en menos unidades un flujo de pasajeros que debiera distribuirse en más unidades pequeñas, con más intercambios disponibles.

Fig. Nº **15:** Lugano I y II: esquina con rampa estimativa.
Alrededores del Premetro y del Centro de Atención Comunitario,
dependiente de la Secretaría de Salud de la ciudad de Buenos Aires.

Fig. Nº 16: Paseo del Cabildo Histórico de la ciudad de Buenos Aires, Plaza de Mayo y Centro Histórico. Conecta la calle Hipólito Yrigoyen con la Avenida de Mayo. Paseo de compras y acceso escalonado.

Fig. N° 17: Catedral Metropolitana, Plaza de Mayo y Centro Histórico.
Rampa de acceso lateral y galería del frente. Este diseño se ajusta a las normativas
existentes, aunque presenta un camino en pendiente bastante más extenso de lo necesario.

Fig. N° 18: Banco de la Nación Argentina, Sede Central, ubicada frente a la Plaza de Mayo. Acceso para discapacitados: un portal a algún oscuro fondo ¡reme, que está en las galeras!

Fig. N° 19: "Laberintos", microcentro, rampa de acceso a la entrada principal de un banco. Mención en el concurso "Rompiendo Barreras" (2006).

Figs. Nº 20: Rampa de acceso a la entrada principal de un banco.
Vistas desde la escala de una persona con movilidad reducida.

Figs. Nº 21: Rampa de acceso a la entrada principal de un banco.
Vistas desde la escala de una persona con movilidad reducida.

Fig. N° 22: Ingreso frente a Plaza de Mayo al subterráneo, ciudad de Buenos Aires. No existe en las inmediaciones ningún acceso "accesible". La única escalera mecánica disponible indica "salida": eventualmente (nos informan) puede probar en dirección contraria: ingreso a subterráneos. Sin embargo, los vericuetos administrativos y burocráticos que debemos sortear, hacen inviable la instantaneidad y cotidianeidad de un viaje en subte con el tiempo de resolución del obstáculo inaccesible. Por otra parte, este ingreso neurálgico conecta de manera directa a las líneas "A", "D" y "E", recorridos culminantes hacia el norte, noroeste y oeste de la ciudad de Buenos Aires.

Figs. Nº 23 y 24: Rampa de ingreso en el Mercado de San Telmo. No existe un ingreso alternativo habilitado. Hay que solicitar de modo especial que se abra un gran portón de carga y

descarga de mercaderías; dicho portón funciona con un horario reducido para los fines comerciales. No está habilitado los fines de semana, cuando el flujo y la masividad de los visitantes lo vuelven un paseo y una atracción turística.

Fig. Nº 25: "Cerca —¿a qué distancia? —¡30 cm!". Único baño público masculino en el Mercado de San Telmo.
—¿Es usted malabarista?, —entonces... este baño es para usted. Mención en el concurso "Rompiendo Barreras" (2006).

Fig. Nº 26: Plaza Dorrego, feria de San Telmo un domingo cualquiera por la mañana. Entre los puestos y las mesas de los bares: "Usted está aquí: varado".

Fig. N° 27: Bar en Plaza Dorrego, con rampa y motocicleta incluida.
San Telmo escultórico: "Si puede, pase"

Fig. N° 28: Puerto Madero: senda peatonal obstruida.

Fig. Nº 29: Puerto Madero: vereda y montacarga con malla metálica rugosa y vacío incorporado. Se trata de una obra reciente en la ciudad de Buenos Aires, de hecho, Puerto Madero es el barrio más nuevo de la ciudad.

Fig. N° 30: Ingreso a la cubierta del Museo Fragata Sarmiento, ubicada en Puerto Madero. A pesar de que el otrora buque escuela quedó fondeado de manera permanente y es visitado masivamente por el público, no se ha modificado su acceso de estricto uso naval.

GALERÍA FOTOGRÁFICA
Ciudad de Madrid (España)

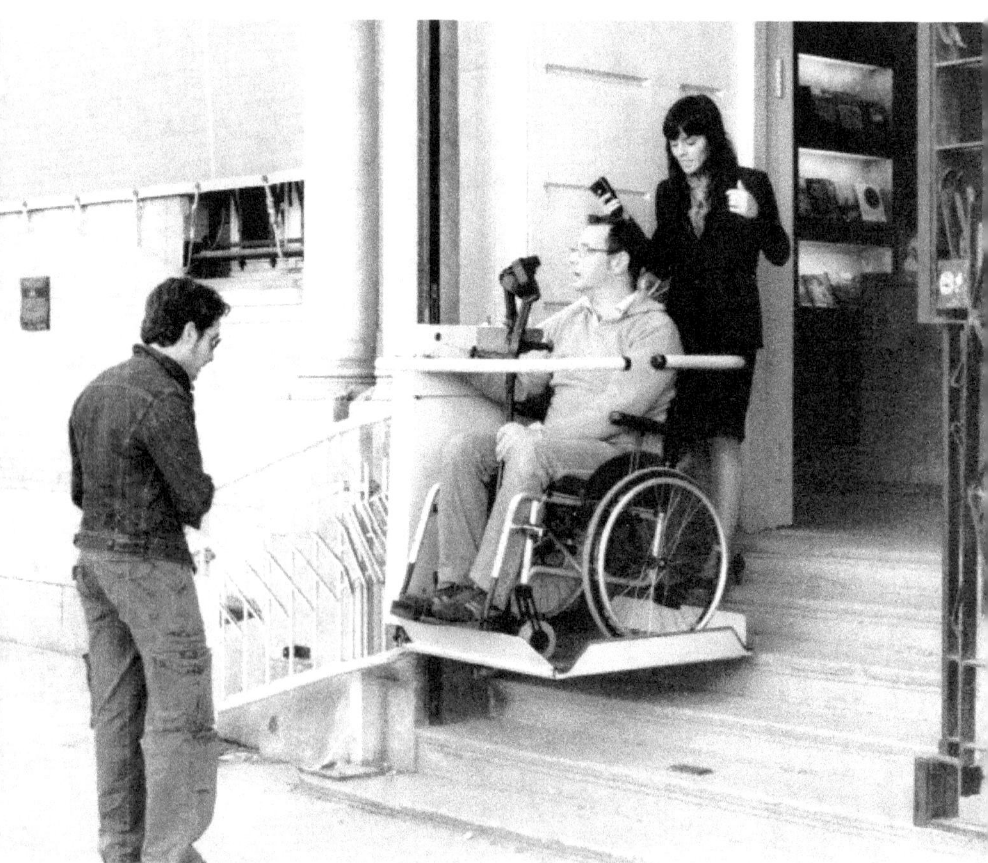

Figs. Nº 31 y 32: Aparato o "artefacto", que intenta solucionar el problema de la inaccesibilidad, aunque su implementación resulta ser mucho más complicada de la esperada.

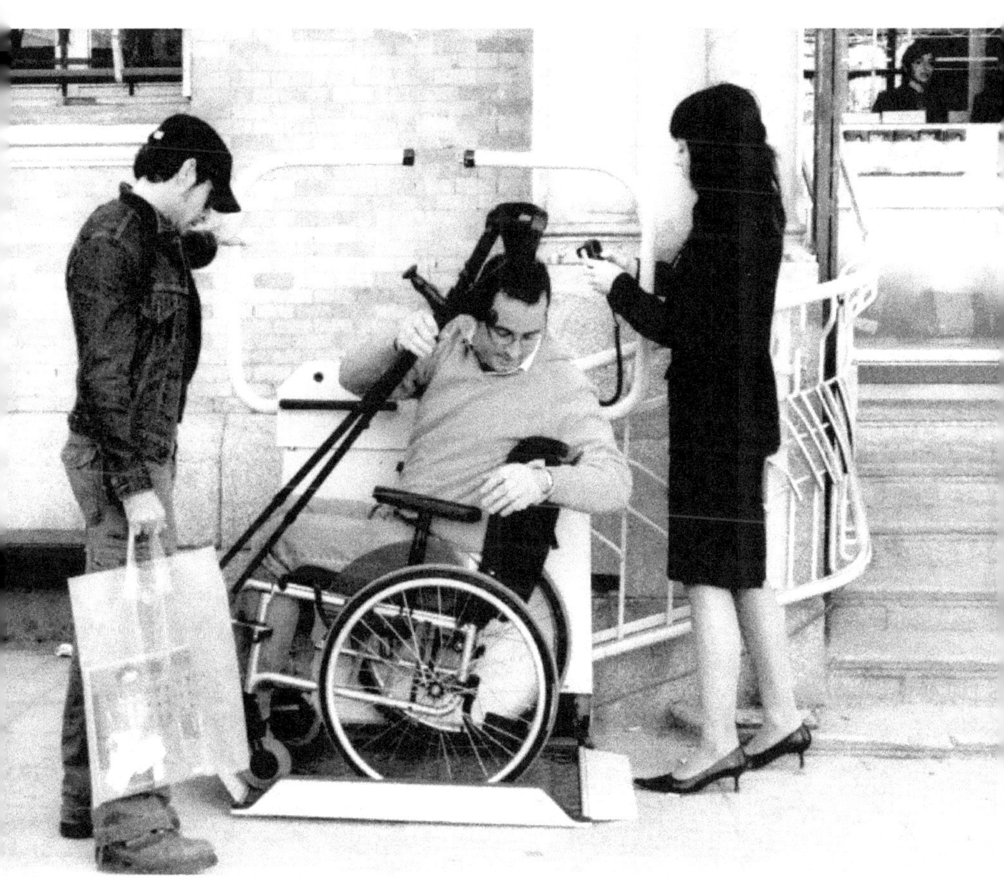

Véase al sujeto intentando utilizar este medio de elevación. Museo Thyssen (Madrid).

Fig. N° 33: Embotellamiento en la vía pública por "reconstrucción" de las calles,
para mejorar la "accesibilidad".

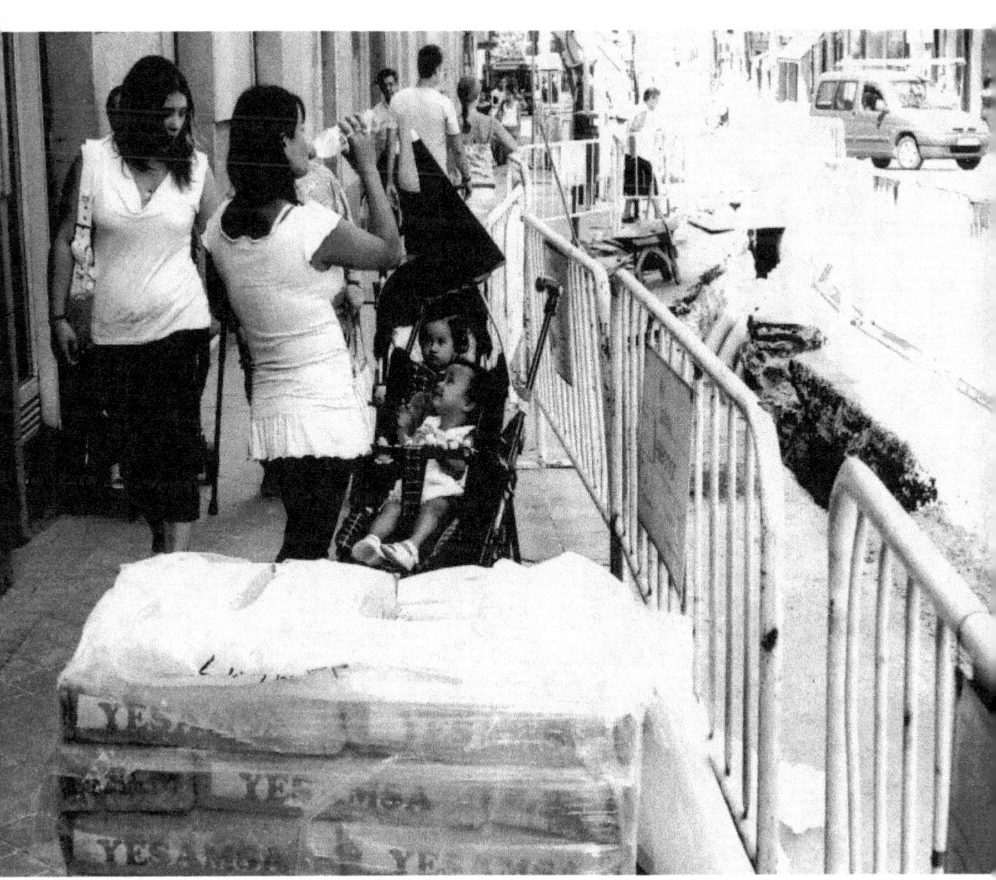

Fig. N° 34: Complicaciones en el andar de los ciudadanos por las veredas de Madrid, el motivo: "las mejoras de la ciudad".

Fig. N° 35: Obra en construcción, cuyo frente presenta imágenes
de lo que fueran anteriormente las grandes obras construidas en la ciudad de Madrid,
hoy tal vez destinos próximos a ser demolidos.

Fig. N° 36: Obras en Madrid, "un millar de ovejas..."

Fig. N° 37: Vista del Viaducto de Segovia.

Fig. N° 38: Vista del Viaducto de Segovia, véase aquí el largo paseo que se encuentra dividido mediante la mampara de vidrio que separa la ciudad del río.

Fig. Nº 39: Vista del Viaducto de Segovia, aquí puede observarse la mampara de vidrio
que separa a la ciudad del río, donde, además, se ve una "huella", una forma
que representa la marca de existencia de algo o de alguien que no pretende ser obviado.

Fig. N° 40: vista desde abajo del Viaducto de Segovia.

Fig. N° 41: vista del Viaducto de Segovia en donde se puede observar
el trazado de las veredas junto a la mampara de vidrio.

Fig. N° 42: Vista del Viaducto de Segovia donde puede observarse
la gran pendiente que da a la Avenida.

Fig. Nº 43: Vista aérea del Viaducto de Segovia,
donde se puede observar las construcciones linderas.